U0127971

贛文化通典

——方言卷　第一冊

說贛（代序）

邵鴻

　　南昌大學鄭克強教授主編的《贛文化通典》即將出版。這部大書，是我期盼已久、很有意義的一項工作。自一九九四年江西出現贛文化研究熱潮以來，江西歷史和文化研究成績可觀，《贛文化通典》是又一新的重要成就，可喜可賀！克強索序於我，盛意不能不有所應命。近年我寫過好些綜論贛文化的文字，特別是在《江西通史》導論中有較系統的闡述，似乎沒有重複的必要。然而講贛文化，不能不從「贛」字說起，恰恰在這個基本點上，其實還有工作要做。因此，我想借此機會從詞源學的角度，把對「贛」字的兩點認識寫出來，命曰「說贛」，權充序言，為《贛文化通典》做一個開篇鋪墊並向大家請教。

　　第一個問題，關於贛字的起源和演變。

　　因為資料限制，這一問題曾難以解答。

　　在傳世文獻中，「贛」最早出現於春秋戰國時期。如孔門高足端木賜，字子貢，貢在古籍裡常寫成贛或贑，贛有賜予之意，名字正相配合。贛也常用作通假字，借為愚戇、戇直之戇。成書於戰國的《山海經·海內東經》：「贛水出聶都東山。」郭璞註：「今贛水出南康南野縣西北，音感。」同書《海內經》：「南方有

贛巨人，人面長唇，黑身有毛，反踵，見人笑亦笑，唇蔽其面，因即逃也。」這兩條記載不僅是先秦古籍中「贛」字的實例，而且公認是與上古江西地區有關的史料。從此，贛就和江西有了不解之緣。

　　但在東漢許慎的《說文解字》裡，卻沒有贛字。與之相當的，是贛字，該書卷六：「𧹬，賜也。從貝，竷省聲。贛，籀文贛。」清段玉裁注云：「贛之古義古音，皆與貢不同。」因為依據有限，段說並未得到廣泛認同。

　　近幾十年來，先秦秦漢時期的簡牘、帛書、璽印、銘刻等考古材料大量出現，古文字學界對贛字的認識有了決定性突破。從李家浩先生獨具慧眼破解「上贛君之謁璽」開始[1]，人們逐漸認識到，戰國時期贛字有歀、歁、贛、䫡、竷等形體，基本構造是從章、從欠、從貝，欠亦為聲符。我們今天熟悉的贛字，實際上是「贛」「䫡」等形的訛變和俗體字[2]。後來贛一直有兩種讀音，一讀幹，一讀貢[3]，應與此有關。在此基礎上陳劍先生又發現，早在西周金文中已有贛字，作𣂤、𣂙等形，是一個會意字，像人以雙手賜予玉璋，意為賞賜。後來右邊𣂙的演變為欠，遂形成

1　李家浩：《楚國官印考釋》，《江漢考古》1984 年第 4 期。

2　參何琳儀《戰國古文字典　戰國文字聲系》下冊，第 1453-1455 頁；黃德寬《古文字譜系疏證》第四冊，第 4041- 4043 頁；滕壬生《楚系簡帛文字編》增訂本，第 517 頁；李運富《楚國簡帛文字構形系統研究》，第 129-130 頁。

3　如《集韻》贛江之贛讀為古暗切，贛賜之贛讀為古洞切。

了贛字的早期形體「敨」[4]。陳說得到古文字學界較普遍的認可，可以信據。由此可知，上古贛字字形、字音確不從貢，許慎錄「贛」而非「贛」表現了大師的精審，但也有小誤，段玉裁的有關見解則實屬卓識。

近期我對古文字材料中的贛字做了進一步考察，得出的認識是：戰國及秦代相關諸字出現較多（特別是在數量頗豐的楚、秦系簡帛文獻中），而「贛」字則尚未見[5]。從已知材料看，「贛」字最早出現在西漢初年馬王堆漢墓帛書《春秋事語》中，用於子貢之名。可能抄寫於西漢前期的定州漢簡《論語》，子貢也有寫作「子贛」或「子貪」（當為贛的異體）的[6]。東漢碑銘中亦有實例，如《譙敏碑》及熹平石經《論語》[7]。但漢代古文字資料中「贛」字實例相對很少，馬王堆帛書裡贛字多作「贛」「贛」「贛」等形，但「贛」僅上舉一例；《漢印文字彙》共收入三十九個贛字，只有二個從貢，一作「贛」，一作「韻」；在諸多漢簡及湖南長沙走馬樓三國簡資料中，贛也絕大部分從貝而不從

---

4 陳劍：《釋西周金文的「贛（贛）」字》，《北京大學古文獻研究所集刊》（一），北京燕山出版社 1999 年版。

5 云夢睡虎地秦簡《日書》中有一「贛」字，可能為「贛」字的或體，待證。另新出湖南龍山裡耶秦簡中數見「贛」字，也很值得注意。

6 河北省文物考古研究所定州漢墓整理小組：《定州漢墓竹簡〈論語〉》（文物出版社 1997 年版）。需要說明的是，該整理小組將簡本中十餘例子貢、子贛全部隸定為「子貪」「子贛」，但據公佈的部分摹本，實際多數也作貪、贛之形，只有個別從貢。

7 據《隸釋》卷十四《石經〈論語〉殘碑》，「子贛」「子贛」各三見。

貢。總的來說，西漢以來伴隨著隸書的發展，「贛」字出現漸多，但更流行的寫法仍然是從貝的「贑」「贑」「贑」等形。此外，「灨」雖已出現，但極少見（目前僅見一例，應為東漢之印）。

到魏晉時期，「贛」可能已成為普通寫法，「灨」字也流行起來。曾經引起「蘭亭序」真偽之爭的東晉贛令王興之、王閩之父子兩墓誌三見「灨」字[8]，這是六朝使用「灨」字以及已知最早將江西贛縣寫作「灨」的實例。此後，除了少數學者（如唐代開成石經《五經文字》和宋代《廣韻》的作者等），一般人已是只知有「贛」，不知其始了。

瞭解贛的本字和演變，不僅是解說贛文化的第一步，而且也有其他意義。比如由此可以更好地利用新出考古和古文字資料研究江西上古史，又比如我們可以知道，今天所見先秦兩漢乃至更晚古籍中的「贛」或「灨」字，其實是後來抄刻而成，並非本來面目。因而，自劉宋劉澄之以來聚訟一千數百年的「章、貢成贛（水）」之說的確是不能成立的[9]，反而是北宋歐陽忞《輿地廣記》先有贛水、後有章、貢的說法更值得重視。

第二個問題，以贛為江西簡稱始於何時？

江西稱贛，無疑因為縱貫全境的贛江之故。贛水至晚戰國已

8　南京市文物保管委員會：《南京象山東晉興之夫婦墓發掘報告》，《文物》1965 年第 6 期；南京市文物保管委員會：《南京象山 5 號、6 號、7 號墓清理簡報》，《文物》1972 年第 11 期。

9　劉說見《水經注》卷三十九引。

經得名，然而以「贛」代稱江西從什麼時候開始？這一問題向少討論，近來翻檢史料，發現這其實是很晚近的事情。

西漢初年，在今章、貢二水匯流處設贛縣，屬豫章郡。此後贛縣歸屬屢有變更，隋唐以來屬虔州，為州治。在很長時間裡，凡言贛、贛人，均指贛縣而言。如唐代著名書法家鐘紹京，《資治通鑑》卷二〇九說他是「灨（贛）人」，新舊《唐書》本傳則說是「虔州贛人」[10]。又如蘇東坡謫貶北歸期間，與友人書信屢言「度嶺過贛」「候水過贛」「已到贛上」，又有名詩《八月七日初入贛，過惶恐灘》，「贛」也都是指贛縣和虔州州治之地。

宋高宗紹興二十三年（1153），以虔為虎頭不祥，改虔州為贛州。此後，「贛」更多的時候是指贛州（府）全境。試舉數例：

> 江西（風水）之法，肇於贛楊筠松、曾文辿。及賴大有、謝世南輩，尤精其學。（《王忠文集》卷二十，《叢錄》）

> 紹熙癸丑之秋，贛境大水，至浸於（信豐）縣鼓樓兩樽之間。（《夷堅志丙》卷一）

> 江西山皆至五嶺、贛上來，自南而北，故皆逆。（《朱子語類》卷二）

---

10 類似的例子如《九江記》（《太平御覽》卷四二五引）：「王植新，贛人也」；《資治通鑑》卷二六七：「（廖）爽，贛人也」；同書卷二七六：「匡齊，贛人也」，其實說的都是「虔州贛人」。

　　明正德十一年（1516），朝廷設「巡撫南贛汀韶等處地方提督軍務」，嘉靖四十五年（1566）定為南贛巡撫，下轄南安、贛州、韶州、南雄、汀州等府。清初延續，至康熙四年（1665）正式撤銷。這一時期並延及清代中後期，「贛」一般仍指贛州府境，但範圍有擴大的趨勢。贛州與原從虔州分出、清代又同屬嶺北道（後改贛南道）的南安，在稱謂上逐漸接近，「南贛」「贛南」成為習語。因此，有時就有以贛代指南、贛情形出現。如《明儒言行錄》卷八：「贛人性矯野，（王守仁）為立十家牌法，作業出入有紀，又行鄉約，設社學，教郡邑子弟歌詩習禮……嶺北風俗，為之丕變。」既云「嶺北」，顯然是指南、贛二府之地。又明《李友華墓誌》：「（萬曆中）巡撫南贛……在贛十四年，威惠甚著」；《盛京通志》卷七十七《胡有升》：「（順治五年）以總兵出守南贛……六年致仕，贛人思其德。」這裡單言的「贛」，則是包括南贛巡撫轄區而言了。

　　儘管內涵逐步擴大，但直至清後期，「贛」一直只是侷促於江西南部一隅，並未成為全省概稱。歷史上，江西的概稱有豫章、江西、江右、西江等，元明時期隨著江西行省的設立，也稱江、江省，「江」成為江西簡稱[11]。清代朝廷詔奏及官方文書中

---

11 如元人虞集《貢院題名記》：「夫江省，所統郡二十，多以文物稱」；明歐陽鐸《黃鄉保築城碑》：「贛，江省邊邑也」；李振裕《與吉水王明府書》：「江省理學，海內所推」（以上引文均見同治《江西通志》的《藝文志》，該志類似例子很多，不俱引）。又清計六奇《明季北略》卷二十一《李邦華》：「今異增兵以扼險，江撫駐九江，贛撫駐吉安，以壯虎豹當關之勢。」可見當時「江」「贛」之別是明顯的。

大量使用「江省」「江境」「江撫」「江、閩」「江、粵」等語，曾任江西巡撫的蔡士英有《撫江集》一書，說明清代仍然通行。

　　但「江」作為省稱，易與江蘇和黑龍江相混（清代兩省也可稱「江」或「江省」），因而最終未能持久通行，「贛」逐漸取代「江」成為江西簡稱。現在可斷言的是：清末江西稱贛已經普遍流行。檢《近代期刊篇目匯錄》[12]，最早有光緒二十三年（1897）十月初五日上海《集成報》轉載《申報》「贛省西學」報導，光緒二十七年（1901）有「贛撫被參」「贛撫李議復新整事宜折」「贛試不停」「贛出教案」等報導，從此到光緒三十四年（1908），江西、北京、上海、南京、廣州、重慶、武昌、廈門、山東等地多種報刊關於「贛」省的報導多達六十條，其後宣統時期短短三年亦近六十條。複檢《清實錄》，咸豐、同治時期官方詔奏中「贛」仍然專指贛州或南贛，「江」則依舊為江西簡稱，至光緒二十九年（1903）「贛省」出現，以後不斷增多，迄光緒末共計六處；《宣統政紀》涉及「贛」省之文激增，多達二十處。承廖聲豐博士協助檢索第一歷史檔案館所藏清宮中檔和軍機檔，情況和《實錄》相似。自光緒三十一年（1905）護理江西巡撫周浩就釐定江西營制章程上奏摺中首見「贛省」，此後亦逐漸增多。其他例子還有很多，如光緒三十年（1904）出版的《江西官報》已

12 南昌大學歷史系內部資料本，2005年。

見「贛省」字樣[13]；光緒三十一年（1905）浙江發生「浙贛鐵路交涉」風波[14]；光緒三十三年（1907）江西鑄造發行贛字款銅元；三十四年（1908）七月，留日江西留學生創辦《江西》雜誌，萍鄉湯增璧作《警告全贛書》《比較贛人與江浙人之對路事》《贛事拾遺》等文[15]；同年江西洋務局汪鐘霖《贛中寸牘》印行，等等。這些例證均可證明，光緒末年「贛」稱已極普遍，而且民間較公文使用要更早一些。不過應指出的是，清末江西「江」的概稱並沒有立即被完全取代，而是與「贛」並用，入民國後才逐漸消失。

不言而喻，「贛」稱的流行一定不始於光緒末年，而應有一個發展過程。但究竟早到何時，則還需要研究。《清史稿》有以下三條有關記載：

《列傳》一五八《牛鑑傳》：

「（道光二十二年〔1842〕耆英等）合疏以保全民命為請，略曰：江寧危急，呼吸可虞，根本一摧，鄰近皖、贛、鄂、湘，皆可航溯。」

《列傳》二百七十七《王東槐傳》：

13　《江西官報》當年第十四期載黃大壎、陳三立等人關於創辦機器造紙公司的呈文，其中言及：「竊贛省土紙，實為大宗，而海關洋紙，日益進步。」

14　浙江同鄉會當年在日本印行《浙贛鐵路事件》一書（國家圖書館古籍部藏），對此有較詳記載。

15　參週年昌《湯增璧先生傳略與研究》，《中國民主革命的先驅——湯增璧》，甘肅人民出版社2011年版。

「（道光三十年〔1850〕奏言）若開礦之舉，臣曾疏陳不便，順天已停，而湘、贛等省試辦，驚擾百姓，利害莫測。」

《列傳》二百十《王拯傳》：

「（同治三年〔1864〕疏言）擬請飭贛、皖、楚、粵各疆臣，值此事機至緊，無論如何變通為難，總當殫竭血誠，同心共濟。」

按說有這幾條證據，本可以認為道、同間稱江西為「贛」已漸流行。但鑒於以下幾方面原因，我以為還有可疑。

其一，我翻檢了很多咸同時期的史料，未見江西稱「贛」確證；儘管說有易，說無難，特別是我的閱讀面相對於浩如煙海的同期史料當然還是太少，但問題是《實錄》和檔案材料也是如此，這就不能不慎重了。

其二，我一度認為是同治年間江西稱「贛」鐵證的趙之謙文獻被否定。同治十一年（1872）冬，著名學者和藝術家趙之謙到南昌，協助巡撫劉坤一撰修《江西通志》，光緒十年（1884）逝於江西。其間他在書信中多有談及在「贛」情形，並有《贛省通志》部分手稿存於上海圖書館[16]。但近詢該館有關人士，「贛省

---

16 近年文物拍品中有不少涉「贛」的趙氏手札，如「弟自到贛以來，終日銜參，一差未得，暫居客館，草草勞人」（西泠印社有限公司 2009 年春拍品，見博寶拍賣網）；「到贛兩年僅以志書一差，月薪不滿四十，一家八口何以支持」（中貿聖佳國際拍賣有限公司 2006 年春拍品，見同上）；「擬於初冬往贛，為稟到候補之急務也。吾哥如有信致贛，可預書就弟便帶去」（北京中漢 2011 年秋拍品，見中國收藏網）；「賀太尊定於正月初十日接首府印，大得蔣公心，到贛總在二月初間，速則

通志」四字非撝叔親筆，而是民國收藏者的題識；而當下拍賣會上出現的諸多趙氏涉「贛」書札，權威的趙之謙墨跡集中不見著錄，公認真品的趙氏書札只說「江西」「江省」「江右」「豫章」等，因而疑點甚多。筆者特請教清華大學古代書畫鑑定專家邱才楨博士，他斷然認為這些拍品全為低仿贗品。據此，以往著錄中個別涉「贛」的趙氏書信，也就難為信據了。

其三，《清史稿》成書於民國，編撰者往往用當時語言概括史料，包括詔奏文字。舉一個類似的例子，《德宗實錄》載：光緒二十九年七月護理江西巡撫柯逢時奏：「贛省義寧、新昌二州縣交界地方，有黃岡山，久經封禁。」同年《江西官報》上刊登了奏摺原文，詳盡很多，但這一段內容相同，唯「贛省」寫作「江西」。這顯然是宣統年間實錄館臣綜述奏摺時做了改動。因而，《清史稿》的上述三條材料，也就值得存疑了。至少，《牛鑑傳》一條明言「略曰」，說明經過作者概括而非原疏文字。

因此，江西簡稱為「贛」的約定俗成，可能還是光緒朝即十九世紀七〇年代以來的事情。我推測清末民初「贛」逐漸替代「江」成為江西簡稱的原因，應與電報的應用有關。因為費用的昂貴使電報文字大量使用簡稱，並且要求精確規範，不易誤解。

正月之杪」（上海鴻海商品拍賣有限公司 2010 年秋拍品，見博寶拍賣網）。又《悲庵手札真跡》上冊亦有一札云：「到省數月，未獲一差，日用應酬，支持不易。贛地之柴米，較吾浙價賤，惟房租甚貴」（民國十四年碧梧山莊石印本）。《贛省通志》稿本見《上海圖書館地方志目錄》，1979 年自印本，第 289 頁；《上海圖書館藏明清名家手稿》，上海古籍出版社 2006 年版，第 74 頁。

鑒於電報在中國的流行正是一八七〇年代以後的事情，這一推測不為無據。我很希望，有更深入的研究可以證明或證誤我的觀點。但顯然，相比於許多省份，如蜀、粵、閩、晉、豫、皖、滇、黔、浙、陝等簡稱的確定均不晚於明代，江西稱贛是很晚的事情，距離現在僅百餘年。由此，「贛」也走完了它從小到大的歷史道路。

搞清贛作為江西簡稱的時間也是有意義的，至少讀古籍時可避免犯錯。比如，我們不能把古籍中絕大部分的「贛」當作江西看待；又如在清代檔案整理擬題或寫文章時，將清初江西稱為贛省、江西巡撫稱為贛撫也屬不夠嚴謹。此外，以贛稱來鑑別書畫文物，則是一種辨偽的有效手段。

兩點認識已如上述。以考據文章代替序言，似乎不合常規。但我想，上述心得對贛文化研究應有裨益，故而還是大膽寫出，以供批評。同時我想說，對贛字的考察讓我聯想到：對於絢麗多彩、豐富深厚的江西歷史和文化來說，不僅研究天地極為廣闊，而且可能還有許多實屬基本的問題仍待關注和解決。研究者需要更加腳踏實地，勤奮努力，細緻深入，堅持不懈，才能把研究做到佳境，臻於一流。這是我所熱切期望於南昌大學各位朋友的。

二〇一一年最後一日於京華

說贛（代序）

013

序

周文斌

　　煌煌鴻制的《贛文化通典》即將付梓刊行，鄭克強教授主其事，並囑我作文以序之。這部大書，由數十位南昌大學的同仁參與編撰，是教育部「211」重點專案「贛學」的標誌性成果。由此我想起了孔憲鐸教授在《我的科大十年》中所說：「現代研究型的大學，多有三個功能：教學、研究和服務社會。為此科大要求所有的教員既要是教學的良好的教師，又要是研究的優秀學者，也要是對香港乃至中國南部的經濟和社會發展有貢獻的好公民。三者合而為一，缺一不成。」[1]南昌大學作為江西省最重要的高等教育機構，在江西省無疑是一個高層次人才聚集的淵藪。我們的教師隊伍，同樣既要做教學的良師，又要做研究的優秀學者，同時也要做對江西省及周邊地區經濟和社會發展有貢獻的好公民。

　　在世界範圍內，所有優秀的公立大學都將公共服務作為重要的辦學宗旨，比如美國最好的公立大學——加州大學伯克利分校

1　孔憲鐸：《我的科大十年》，北京大學出版社 2004 年版，第 1 頁。

就明確提出辦學宗旨為「教學、研究和公共服務」[2]，注重在公共服務中樹立良好形象，加強大學與社會的全面聯繫，尤其注重為加州的經濟發展和社會進步服務。這部《贛文化通典》可以視為南昌大學的同仁為總結發掘江西古老而豐富的文化遺產所做的一點實績。在邵鴻教授的序文中，就贛學和贛文化情況進行了精彩的闡述，在此本人毋庸贅言。我想借此機會著重談兩方面的問題：一是談談南昌大學的歷史使命；二是就現代教育理念，談談學科建設與公共服務的關係。

有人說贛文化是中國文化隱性的核心和支柱，善隱厚重，堅韌質樸。當我們用歷史的眼光感受深沉的江西文化，不能不正視推動獨具特色的贛文化精神形成的一支重要力量，那就是在中國教育史和思想史上赫赫有名的江西書院。書院產生於唐代，源於私人治學的書齋與官府整理典籍的衙門[3]，後來成為藏書、教學與研究相結合的中國古代特有的高等教育機構和文化學術思想交流的中心。書院既是一個教育機構，又是一個學術研究機構，中國歷代文人在書院這一相對獨立自由的環境裡，碰撞智慧，傳承思想，同時完成了古代中國文化教育和人才培養的歷史使命。江西自古重教崇文，素有「文章節義之邦」的美譽，這在某種程度上得益於江西曾有中國古代最為發達的書院文化。自宋代至明代，江西能夠成為中國的一個文化重地，與書院講學之風大興不

2　hpp://www.berkeley.edu/about/〔EB/OL〕.

3　鄧洪波：《中國書院史》，東方出版中心 2004 年版，第 49 頁。

無關係。江西書院「肇於唐，盛於宋」，跨越千年。從唐代「開元盛世」開始，江西就有了中國歷史上最早的書院之一，此後江西書院代有增置，據考證，有學者認為江西古代書院足有千餘所之多，鼎盛時期求學人數達數千人。清代學者李漁曾在《興魯書院記》中說：「江西名書院甲於天下」，聞名全國的書院就有白鹿洞、豫章、濂溪、白鷺洲、象山、鵝湖、懷玉、東湖書院等，不勝枚舉。江西書院數量之多，規模之大，教育品質之高，社會影響之大，在我國古代書院一千多年的歷史中獨領風騷。從教育者的眼光來看，眾多的江西書院中值得一提的是位於江西廬山五老峰南麓、被譽為「天下書院之首」的白鹿洞書院。南宋理學家朱熹重修白鹿洞書院，自兼洞主之後，為書院建立了嚴格的規章制度。朱熹以理學教育家的觀點，在總結前人辦學所訂規制的基礎上，制訂了《白鹿洞書院揭示》，即「父子有親，君臣有義，夫婦有別，長幼有序，朋友有信……博學之、審問之、慎思之、明辨之、篤行之……」提出了書院教育的指導思想、目標、教育內容、教育方法等，是中國古代書院學規的典範，隨即為江西和全國各地眾多書院所借鑒或採用，是中國教育史上最早的教育規章制度之一，並被後代學者認為是中國古代書院制度化、規範化的重要標誌。以書院學規為總的教育方針，朱熹在白鹿洞書院開展了多種形式的教學活動，包括「升堂講學」、「互相切磋」、「質疑問難」、「展禮」等，書院師生於相互問難辯詰之中，悠遊山石林泉之間，促進學術，傳承文化。

歲月流逝，一百多年以前，近代中國在探索強國振興的道路上選擇了完全移植西方的大學制度。在晚清學制改革的大潮中，

為了急於擺脫「無裨實用」的傳統教育制度，清政府採取了取消書院，以便集中人力財力，發展新教育的「興學至速之法」，不無遺憾地拋棄了中國傳統的書院文化。幸而跨入新世紀的今天，書院文化又一次進入中國學人的研究視野，並日益受到各方重視。正如清華大學老校長梅貽琦先生所言：「今日中國之大學教育，溯其源流，實自西洋移植而來，固制度為一事，而精神又為一事。就制度言，中國教育史中固不見有形式相似之組織，就精神言，則文明人類之經驗大致相同，而事有可通者。」[4]在完善現代意義上的中國大學制度方面，傳統的學院精神應有其獨特的位置和作用。

南昌鍾靈毓秀，是贛鄱文明重要的發源地。兩千多年以來，南昌一直都是贛文化的中心，來自江西各地的才子們匯聚南昌，走向全國，成就了兩宋以來光輝燦爛的江西文化。身處其中，南昌大學應該繼承江西書院文化的優良傳統，自覺肩負起傳承、繁榮、發揚贛文化的歷史使命。

如果說歷史悠久、博大厚重的傳統書院文化為南昌大學的發展進步提供了豐富的精神食糧，那麼，立足二十一世紀的南昌大學還必須擁有以現代教育理念改造自身、積聚力量，並為中國現代化進程貢獻片瓦，為社會進步提供智識支援和人才支持的決心和勇氣。

南昌大學是一個學科齊全的綜合性大學，對於這類大學，著

---

4 梅貽琦：《大學一解》，《清華學報》第 13 卷第 1 期，1941 年 4 月。

名的教育家克拉克・科爾（Clark.kerr）定義為「多功能大學」（multi-versity），與先前人們熟知的單一功能大學（Uni-versity）相區別。這類大學的功能有三項：首先，大學生產知識，培養有創造性的人才，提供專業和基礎訓練，從事社會服務是其基本職責。其次，大學還與知識消費相關：包括創造通識教育機會，創造和維持一個充滿活力和興趣的校園。提供社會關愛，如醫療、諮詢和指導。第三，與公民教育相關，促進社會進步和公正是教育的責任[5]。在一個全省人口總數達四四〇〇餘萬的區域裡，作為江西省唯一的一所江西省人民政府和教育部共建的國家「211工程」重點建設大學，南昌大學有責任，也有能力為全省及周邊區域提供優良的高等教育資源，使有志青年得到富有競爭力和創造力的教育，從而成為國家建設的有用人才。

學科建設是高等學校的一項基礎性、全域性、戰略性的系統工程，是學校建設的核心內容。創建綜合性大學，必須正確處理學科建設中「基礎學科」與「應用學科」的關係，立足於培養高素質的複合型人才的需要，合理選擇和規劃學科的發展。科學發展和協調發展是南昌大學在培養人才方面的優勢，我們一方面要使學生學好專業知識，還要發揮綜合性大學門類齊全、學科交叉的優勢，通過文理工醫等多學科的整合教育、通識教育，充實學生的文化底蘊，提高學生的綜合素養，將專業教育與學生的人格

---

5 轉引自馬萬華《從伯克利和北大清華》，教育科學出版社 2004 年版，第 16 頁。

塑造、個性培養、世界觀、價值觀的完善結合起來，體現知識、能力與人格間的和諧統一，促進學生的全面發展。

　　作為一所輻射全省的地方性高等院校，南昌大學還應該積極利用地方資源進行學科建設，打造富有地方特色的優勢學科，從而更好地為區域經濟發展和文化建設服務。從當前高等教育發展的潮流看，大學為地方服務已成為共識與發展趨勢。「現在需要用一種新的觀點來看待高等教育，這種觀點要求把大學教育的普遍性與更多適切的必要性結合起來，以對社會對其功能發揮的期望作出回應，這一觀點不僅強調學術自由和學校自治的原則，而且同時強調了高等教育必須對社會負起責任。」[6]以科學發展的眼光來看，大學不僅是進行知識傳授和科學研究的中心，更是參與社會變革乃至於引導社會進步的重要因素。地方性院校只有更加關注地方的現實發展，以提供公共服務的姿態積極參與地方區域建設，才能更好地實現自身價值，謀得更為廣闊的發展空間。

　　「所謂大學者，非謂有大樓之謂也，有大師之謂也。」借此機會，我祝願未來的南昌大學大師雲集、學術豐厚；希望昌大人不僅勤於個人「檢束身心，砥礪品性」，且懷一顆拳拳報國之心，以自己的專業所長，服務社會，造福人民。謹為序。

6　聯合國教科文組織：《國際發展戰略（1991）》。

目錄

凡例

本書採用國際音標和漢語方言研究通用符號記錄方言語音、詞語和語法。

（一）輔音字母和元音字母

本書中記錄方言語音時輔音、元音用國際音標記錄。所用國際音標字母見以下輔音表和元音表：

輔音表

发音方法 \ 发音部位			双唇	唇齒	舌尖前	舌尖中	舌尖后	舌叶	舌面	舌根	喉
塞音	清	不送气	p			t				k	ʔ
		送气	p'			t'				k'	
	浊	不送气	b			d				g	
		送气	b'			d'				g'	
塞擦音	清	不送气		pf	ts		tʂ	tʃ	tɕ		
		送气		pf'	ts'		tʂ'	tʃ'	tɕ'		
	浊	不送气			dz		dʐ	dʒ	dʑ		
		送气			dz'		dʐ'	dʒ'	dʑ'		
鼻音			m	ɱ		n			ɳ	ŋ	
边音						l					
擦音	清		ɸ	f	s		ʂ	ʃ	ç	x	h
	浊		β	v	z		ʐ	ʒ	ʑ	ɣ	ɦ

說明：零聲母用 [ø] 表示。[m]、[n]、[ŋ] 還可以自成音節，寫作 [m̩]、[n̩]、[ŋ̍]。

元音表

类别\舌位\唇形\舌位	舌尖元音				舌面元音					
	前		后		前		央		后	
	不圆	圆	不圆	圆	不圆	圆	不圆	圆	不圆	圆
高	ɿ	ʮ	ʅ	ʯ	i	y			ɯ	u
半高					e	ø	ɘ	ɵ	ɤ	o
中							ə			
半低					ɛ	œ			ʌ	ɔ
次低					æ		ɐ			
低					a		ᴀ		ɑ	ɒ

（二）聲調符號

　　音節的聲調採用兩種方法標記。一是用五度制標記調值，用 1、2、3、4、5 分別表示低音、半低音、中音、半高音、高音，記在音節音標的右上方。輕聲調值數字標為 0。例如：

　　細〔sai⁴⁴〕（小）日頭〔ȵiʔ²tʻɛu212〕（太陽）

　　烏口魚〔vu⁴⁴li⁰ȵiu²²〕（烏魚）

　　二是採用傳統的「發圈法」標示調類，以「ᴄ」、「ᶜ」、「ᴐ」、「ᴐ」記在音節音標的左下方、左上方、右上方、右下方，分別表示平聲、上聲、去聲、入聲或陰平、陰上、陰去、陰入，以「ᴄ」、「ᶜ」、「ᴐ」、「ᴐ」記在音節音標的左下方、左上方、右上方、右下方，分別表示陽平、陽上、陽去、陽入。例如：

　　都〔ᴄtu〕（平聲或陰平）　圖〔ᴄdu〕（陽平）

　　賭〔ᶜtu〕（上聲或陰上）　肚〔ᶜdu〕（陽上）

　　妒〔tuᴐ〕（去聲或陰去）　度〔duᴐ〕（陽去）

　　督〔tuʔᴐ〕（入聲或陰入）　毒〔duʔᴐ〕（陽入）

（三）其他符號

〔　　　〕（方括號）

國際音標在專列表格中不加方括號，夾雜在正文中時外加方括號表示，例如：

囥〔k'ɔŋ⁴⁴〕（藏）　　跌鼓〔tiɛʔ⁴ ku³²⁵〕（丟醜）

｜（單豎線）

表示單項隔開。例如：

吃（飯）｜喝（茶）｜抽（煙）

啞牯（男）a⁴⁴ku²¹²｜啞婆（女）a⁴⁴p'o³⁵（啞巴）

/　//（單斜線和雙斜線）

斜線把可供選擇的語言片段隔開。單斜線「/」表示其前後的字、詞語及其音標可以互換（必要時在可以互換的片段下分別畫波浪線「﹏」），雙斜線「//」表示其前後句子可以互換。例如：

日上/時 næʔ²³dʑiã⁰/se⁰（白天）

難為 num¹¹y¹¹ / 相承 s ɔ̃⁵⁵tsʻɔ̃¹¹（謝謝）

你曉得/曉唔曉得？

偓　應唔應該來？// 偓　應該來唔來？

～（省字符號）

在詞語、句子的例子中代替所用的字、詞，所體用的字詞不論幾個音節都只用一個省字符號。例如：

被～子

打雷天上～了

街嘚 tɕiai44tɛ0：～兩邊都是店

（　）（圓括號）

在記錄詞語時加於詞語中的某些漢字和音標之外，表示括號內的成分可以略去。例如：

昨日（晡）ts'ɑuʔ2 ŋiʔ2（puʔ²）昨天

□（方框號）

有音無字的詞語，特別是無合適同音字或近音字的，以方框號代替漢字。方框號後一般都隨注音標。例如：

尿□ nɑu42kɔi44（糞勺）

（四）有關的文字說明

小於正文字號（5 號字）的小號字（小 5 號字或 6 號字），表示對前面正文字號內容的補充說明、解釋、舉出用例。例如：

澆（肥）澆人糞尿或化肥溶液

米粉條米粉蒸熟榨制，作主食

從前現在的生活比～好多了

江西方言概述

第一節 ▶ 江西方言的種類和分佈

　　本書所稱「江西方言」，指分佈在作為地方最高一級行政區域的江西省境內的漢語方言，包括各個種類的呈大片面積連續分佈狀態在廣闊地域通行的方言和呈小面積零散分佈狀態僅在較小區域通行的方言。

　　從整體上看，江西方言依據其語言系統的語音、詞彙、語法等方面的特點，可以確定屬於漢語南方方言的範疇（陳昌儀）[1]。這些特點包括：大部分保留了入聲[2]；古見系二等字多不顎化[3]；「古無舌上音」[4]、「古無輕唇音」[5]的特徵多有保留；詞彙、語

1　陳昌儀：《贛方言概要》，江西教育出版社 1991 年版，第 11 頁。

2　入聲是中古漢語四個聲調之一。入聲字的讀音特點是音長短促，帶有閉塞的韻尾，如「七、白、鐵、熱」等字。

3　中古漢語中的見溪群疑曉匣諸母的二等字不顎化，即不讀舌面音聲母而仍讀舌根音聲母，例如「交」字的聲母讀與「高」字相同。

4　上古漢語中不分「舌頭音」「舌上音」，中古知徹澄母的字聲母讀與端透定母的字相同，例如「追」字讀與「堆」字同音。

5　上古漢語中沒有「輕唇音（唇齒音）」，中古非敷奉微母（輕唇音）的

法與相鄰的吳方言、湘方言[6]也有著許多的共同點，遺存有部分中古漢語和近代漢語漢語[7]的詞語和詞彙成分以及詞法和語序、句式等句法特點。

　　我國漢語方言大的類別有「十大方言」的劃分[8]。江西方言以贛方言和客家方言為主。贛東北分佈有吳方言、徽州方言，贛北分佈有官話方言。此外，境內還分佈有閩方言、湘方言的方言島[9]。根據已有的調查研究成果資料，可知江西省境內分佈著十大方言中除晉方言、粵方言和平話以外的官話方言、吳方言、湘方言、徽州方言、贛方言、客家方言、閩方言七種大方言。

　　在江西方言當中，贛方言是最主要的方言。在江西省境內，贛方言分佈範圍、使用人口約占全省的三分之二。主要分佈在省境中部和北部即鄱陽湖周邊地區、贛江中下游流域和信江、撫河、饒河、修水流域。本書稱江西境內的贛方言為江西贛方言。

　　客家方言是江西第二大方言。江西是漢語客家方言的主要分佈省份之一[10]。客家方言在江西省主要分佈於省境南部即贛南地

字聲母讀與幫滂並明母（重唇音，即雙唇音）的字相同，例如「反」字讀與「板」字同音，「尾」字讀與「美」字同音。

6　江西省境以東的浙江省為吳方言區域，以西的湖南省為湘方言區域。

7　史上所稱中古指隋唐宋時期，近代指元明清時期。

8　「十大方言」包括官話方言（北方方言）、晉方言、吳方言、湘方言、徽州方言、贛方言、客家方言、閩方言、粵方言、平話。

9　方言島是處在別的方言包圍之中的面積不大的方言片或方言點。

10　客家方言分佈於我國的八個省區，廣東、福建、江西三省客家居民人數最多，居住最為集中。

區以及贛西北的銅鼓縣。本書稱江西境內的客家方言為江西客家方言。

　　江西省境內的吳方言[11]分佈在與浙江省相毗鄰的贛東北地區的東南部，包括上饒市下轄的市區信州區、上饒縣、廣豐縣、玉山縣四個縣區。本書稱江西境內的吳方言為江西吳方言。

　　江西省境內的徽州方言[12]分佈在與安徽省相毗鄰的贛東北地區的東北部，包括景德鎮市下轄的浮梁縣和上饒市下轄的婺源縣、德興市3個縣市。本書稱江西境內的徽州方言為江西徽州方言。

　　官話方言[13]在江西省境北部長江沿岸地區有成片分佈的區域，包括九江市下轄的市區潯陽區和廬山區。位於贛南的贛州市下轄的市區章貢區和信豐縣城也是官話方言在江西省境內有較大通行範圍和較多使用人口的區域。本書稱江西境內的官話方言為江西官話方言。

　　在上述主要的方言以外，江西省境內還有分別屬於閩方言、官話方言、湘方言以及贛方言、客家方言的方言島四散分佈於相當廣闊的地區。在部分畬族居民聚居地區通行的畬民語言也屬於漢語的方言島的一種。贛東北、贛西北以及鄱陽湖環湖地區有較

----

11 吳方言主要分佈於江蘇、上海、浙江三省市，江西、福建、安徽小部分地區也有分佈。

12 徽州方言分佈於安徽和江西、浙江三省。

13 官話方言分佈地域極廣，主要包括長江以北地區，長江以南雲南、貴州、四川三省，湖北西北角，鎮江至九江部分沿江地區。

多方言島分佈。

　　總之，江西方言豐富多樣，各具特色。其分佈特點與地理、人文歷史的關係極為密切。

附：江西省漢語方言分佈圖

江西省漢語方言分佈圖

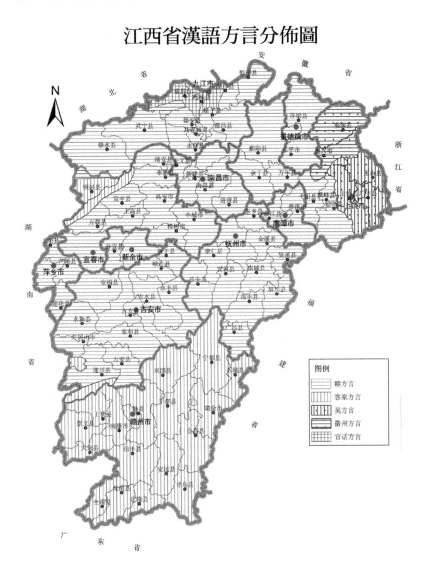

一、江西的大方言區域

（一）江西贛方言的分佈和內部分片

1. 贛方言的定名

「贛方言」在語言學上是指「湘方言以東，粵方言、客方言以北，閩方言以西，官話方言以南的這一地區的方言」，「由於這一區大部分落在江西省境內，所以我們自然稱之為『贛方言』」[14]。贛方言在地域分佈上以江西省為主，同時在江西周邊省份，如湖南、安徽、湖北、福建也都有分佈，這些省份的贛方言區域多與江西省接壤。由於移民原因，以上省份的其他一些地區，如湖南省中西部地區邵陽市洞口縣、綏寧縣（西北角）、隆回縣（北面）也分佈著贛方言，使用人口較多，內部語音特徵統一。乃至遠離江西的四川省、陝西省也零星地分佈著贛方言的方言島。贛方言作為一種源出江西的方言，隨著移民的遷徙，成為漢語方言中一種極具魅力與神祕色彩，也極具輻射力的方言。

不過「贛方言」在語言學上獲得漢語的一類大方言的獨立地位，被分立為漢語大方言之一的時間相對較晚。歷史上，相鄰地區的吳方言、越方言、楚方言的稱謂，自春秋時代就見諸史冊。江西由於其地理位置的特殊，隨歷史的變遷，居民語言的變化極其繁複。史冊對江西方言的記載或闕而不論，或語焉不詳。因此

---

14 何大安：《規律與方向：變遷中的音韻結構》，北京大學出版社 2004 年版，第 93、94 頁。

歷史上江西方言一直缺少明確的定位。直至一九四八年，上海申報館出版發行的《中國分省新圖》（第五版）「語言區域圖」中，把漢語分為「北方官話、西南官話、下江官話、吳語、湘語、贛語、客家話、粵語、閩南話、閩北話、徽州方言」十一個單位，江西方言才確立了與其通行地域行政單位名稱相符的稱謂。這是贛方言最早的得名，贛方言由此獲得與漢語其他方言同列的平等地位。

　　把「贛方言」作為漢語方言的一大類別單列出來，在學術界也存在著不同看法。對贛方言的獨立或歸屬問題，除主張獨立的意見外，還有另外兩種意見。一種意見是主張把贛方言劃歸「官話區」。一九三四年上海申報館出版發行的《中華民國新地圖》第五圖乙「語言區域圖」中，贛語被劃歸華南官話區；一九三九年上海申報館出版發行的《中國分省新圖》第四版「語言區域圖」中，贛語則被劃歸下江官話。持這一種觀點的學者有章太炎、黎錦熙、趙元任等。黎錦熙曾就前「中央」研究院歷史語言研究所給上海申報館《中國分省新圖》擬定的「中國語言區域圖」作了一個略加調整的說明表，主張把中國境內的漢語方言分為五大系十七區，其中贛語與湘語合為江湖區，附於下江官話。[15]另一種意見認為贛語與客家話是同系異派的方言，主張把贛方言與客家話歸納為同一方言。如羅常培的《臨川音系》

15 黎錦熙：《漢語規範化論叢》，文字改革出版社 1963 年版，第 12、13 頁。

（1940）[16]和《語言與文化》（1950）[17]均對此問題進行了論述，李方桂在一九三七年有「贛客家」之說，趙元任於一九四八年則提出了「客贛方言」的稱謂。這種主張客、贛方言合一的觀點一直到現在還得到部分學者的贊同，如王福堂（1998）在《關於客家話和贛方言的分合問題》一文中，通過對客、贛兩種方言的共同語音特徵和不同語音特徵進行比較分析之後，就認為「客家話和贛方言不存在真正能成為方言分區的依據的語音差異」[18]。

學術界之所以對贛方言的分屬問題存在較大的分歧，主要原因是「贛方言據目前的瞭解，缺乏獨立突出的方言特徵，贛東南接近客家話，贛北接近下江官話，贛西跟湘語不易劃分界限，贛東一小部分地區接近吳語」[19]。

不過歷經幾十年的學術論爭和學術研究的發展，較多的學者還是認為，無論從依據語音、詞彙的語言特點劃分的學術角度考察，還是從居民語言認同的方言區別意識來考慮，客家話和贛方言應以分立為兩個不同的方言為宜。一九五五年李榮、丁聲樹提出漢語八大方言區理論，就是將「贛語」與「客家話」分立的。目前各種通論性的語言學教材在談到漢語方言時大多採用七大方

---

16 羅常培：《臨川音系》，《羅常培文集》第一卷，山東教育出版社 1999 年版，第 384-395 頁。

17 羅常培：《語言與文化》，語文出版社 1989 年版，第 150-161 頁。

18 王福堂：《關於客家話和贛方言的分合問題》，《方言》，1998 年第 1 期。

19 袁家驊：《漢語方言概要》，語文出版社 2001 年版，第 21 頁。

言區的說法，其中贛方言區就為七大方言區之一。《中國語言地圖集》[20]把漢語分為十大方言區，贛語與客家話也是各自作為獨立的方言區的。

2. 江西贛方言的分佈

江西省份轄於十一個設區市的縣級行政區域（包括縣和縣級市、設區市下設的區）共一百個[21]，其中通行贛方言的有七十三個。江西省屬於贛方言區域的縣市區如下：

南昌市

  南昌縣 新建縣 安義縣 進賢縣

  東湖區 西湖區 青雲譜區 灣里區 青山湖區

景德鎮市

  樂平市

  昌江區 珠山區

九江市

  武寧縣 永修縣 修水縣 德安縣 星子縣 都昌縣

  湖口縣

  彭澤縣

  共青城市 瑞昌市（西南部）

---

20 中國社會科學院、澳大利亞人文科學院，1987-1989 年。

21 依據江西區劃地名網二〇一二年公佈的最新資料統計。

萍鄉市

蓮花縣　上栗縣　蘆溪縣

安源區　湘東區

新余市

　　分宜縣

　　渝水區

宜春市

　　奉新縣　萬載縣　上高縣　宜豐縣　靖安縣

　　銅鼓縣（中部）

　　豐城市　樟樹市　高安市

　　袁州區

鷹潭市

　　餘江縣

　　貴溪市

　　月湖區

上饒市

　　鉛山縣　橫峰縣　弋陽縣　餘干縣　鄱陽縣　萬年縣

撫州市

　　南城縣　黎川縣　南豐縣　崇仁縣　樂安縣　宜黃縣

　　金溪縣

　　資溪縣　東鄉縣　廣昌縣

　　臨川區

吉安市

　　吉安縣　吉水縣　峽江縣　新幹縣　永豐縣　泰和縣

遂川縣

萬安縣　安福縣　永新縣　寧岡縣

井岡山市

吉州區青原區

3. 江西贛方言的分片

較早對江西贛方言作方言片劃分的學者有顏森、陳昌儀和劉
綸鑫。顏森在一九八六年和二〇〇二年兩次對贛方言作分片，陳
昌儀在一九九一年和二〇〇五年兩次對贛方言作分片，劉綸鑫在
一九九九年也對贛方言作過分片。

顏森《江西方言的分區》[22]一文把江西的贛方言分為五區：
昌靖片、宜萍片、吉蓮片、撫廣片和鷹弋片。

昌靖片包括南昌市[23]、南昌、新建、安義、永修、修水、德
安、星子、都昌、湖口、高安、奉新、靖安、武寧共十四個市
縣。

宜萍片包括宜春市[24]、宜豐、上高、清江[25]、新幹、新余[26]、
分宜、萍鄉市[27]、豐城、萬載共十個市縣。

---

22 顏森：《江西方言的分區》，《方言》，1986 年第 1 期。

23 只含市區東湖、西湖、青雲譜、灣里、青山湖五個區。

24 指舊縣級市宜春市，即今宜春市市區袁州區。

25 清江縣一九八八年改為縣級市樟樹市。

26 指舊新余市，即今新余市市區渝水區。

27 只含安源、湘東兩個區。

吉蓮片包括吉安市[28]、吉安、吉水、峽江、泰和、永豐、安福、蓮花、永新、寧岡、井岡山市、萬安、遂川共十三個市縣。

撫廣片包括撫州市[29]、臨川[30]、崇仁、宜黃、樂安、南城、黎川、資溪、金溪、東鄉、進賢、南豐、廣昌共十三個市縣。

鷹弋片包括鷹潭市[31]、貴溪、餘江、萬年、樂平、景德鎮市（城區）[32]、餘干、波陽[33]、彭澤、橫峰、弋陽、鉛山共十二個市縣。

顏森在《現代漢語方言概論》[34]一書中對贛方言作的分片，著眼於贛方言包括跨省區域的更廣範圍的劃分，因而在名稱上稍有差異，總共分為五片，涉及江西贛方言的分片結果和前一次大同小異。所分五區的名稱是南昌靖安片、宜春瀏陽片、吉安茶陵片、撫州廣昌片、鷹潭弋陽片。

顏森兩次分片的差異是：①南昌靖安片增加銅鼓縣。②宜春瀏陽片增加宜春縣，但把分宜、萍鄉市劃入吉安茶陵片。③吉安茶陵片增加分宜、萍鄉市。④撫州廣昌片兩次分片一致。⑤鷹潭弋陽片兩次分片也一致。

---

28 指舊縣級市吉安市，即今吉安市市區吉州區。

29 指舊縣級市撫州市，即今撫州市臨川區城區。

30 指舊縣級市臨川市，轄區今劃歸撫州市臨川區。

31 指舊縣級市鷹潭市，即今鷹潭市市區月湖區。

32 只含今市區珠山、郊區昌江二個區。

33 二〇〇三年恢復鄱陽縣名。

34 侯精一主編：《現代漢語方言概論》，上海教育出版社二〇〇二年版。

顏森第二次的分片仍稱樟樹為清江，未據時間改為樟樹。

陳昌儀《贛方言概要》[35]一書把江西贛方言分為五片：南昌片、餘干片、撫州片、吉安片和宜春片。

南昌片包括南昌市、南昌、新建、安義、永修、修水、德安、星子、都昌、湖口、奉新、靖安、武寧共十三個市縣。

餘干片包括鷹潭市、貴溪、余江、萬年、樂平、景德鎮市、餘干、波陽、彭澤、橫峰、弋陽、鉛山共十二個市縣。

撫州片包括撫州市、臨川、崇仁、宜黃、樂安、南城、黎川、資溪、金溪、東鄉、進賢、南豐、廣昌共十三個市縣。

吉安片包括吉安市、吉安、吉水、峽江、泰和、永豐、安福、蓮花、永新、寧岡、井岡山市、萬安、遂川共十三個市縣。

宜春片包括宜春市、宜豐、上高、高安、清江、新幹、新余、分宜、萍鄉市、豐城、萬載共十一個市縣。

陳昌儀主編的《江西省方言志》[36]也把江西贛方言分為五片：南昌片、餘干片、臨川片、吉安片和宜春片。名稱上稍作改變，把撫州片改為臨川片。

陳昌儀兩次分片的差異是：①南昌片後一次分片減少奉新縣、靖安縣，劃入宜春片。②餘干片分片兩次一致。③臨川片和撫州片分片兩次一致。④吉安片後一次分片減少峽江縣，劃入宜春片。⑤宜春片後一次分片增加峽江縣、奉新縣、靖安縣。

35 陳昌儀：《贛方言概要》，江西教育出版社 1991 年版，第 17 頁。

36 陳昌儀主編：《江西省方言志》，方志出版社 2005 年版，第 40 頁。

陳昌儀後一次分片把清江改為樟樹。

劉綸鑫《客贛方言比較研究》[37]一書也將江西贛方言分為五個片，所採用的主要是語音標準。這五個片的名稱和範圍與顏森、陳昌儀略有差異，分別為：南昌片、宜春片、吉安片、臨川片、波陽片。各方言片的範圍為：

南昌片：南昌市、南昌、新建、安義、永修、修水、德安、星子、都昌、湖口、武寧、瑞昌（西南）

宜春片：宜春市、宜豐、上高、樟樹、新幹、新余、分宜、萍鄉、豐城、萬載、奉新、高安、銅鼓（中部）

吉安片：吉安市、吉水、峽江、泰和、永豐、安福、蓮花、永新、寧岡、井岡山市、萬安、遂川

臨川片：臨川、崇仁、宜黃、樂安、南城、黎川、資溪、金溪、東鄉、進賢、南豐、廣昌

波陽片：鷹潭市、貴溪、餘江、萬年、樂平、景德鎮市、餘干、波陽、彭澤、橫峰、弋陽、鉛山

劉綸鑫的這一分片，比顏森、陳昌儀所述多出瑞昌（西南）。

把顏、陳、劉三位學者的觀點綜合起來比較，其中前兩位學者的觀點採用其最新的一次，可以發現三種分片結果大同小異，存在差異的地方主要在下面幾點：①高安、奉新、靖安的歸屬問

---

37 劉綸鑫：《客贛方言比較研究》，中國社會科學出版社 1999 年版，第 21-25 頁。

題。陳、劉把它們歸入宜春片，顏則歸入南昌靖安片。②分宜的歸屬問題，顏和陳一致，劃入吉安茶陵片（或吉安片），劉則劃入宜春片。③峽江的歸屬問題，顏和劉一致，劃入吉安茶陵片（或吉安片），陳則劃入宜春片。④銅鼓中部，劉把它歸入宜春片，顏則歸入南昌靖安片。

　　三種分片完全一致的是：①鷹潭弋陽片（或餘干片、波陽片）。②撫廣片（或臨川片）。

　　漢語方言的分區（片）是對漢語方言的共時層面上的分類。它既不是單純地理上的區分，也不是行政區域上的區分，而是方言本身的分類[38]。方言內部的分片，其首要標準當然是語音標準，而詞彙標準也是其中的參考要素之一。同時，除語言標準之外，自然地理的狀況，如水系、山脈分佈，社會與歷史的因素也都是重要的參考因素。方言從本質上說是一種社會現象。古代交通不便，高山大河往往成為人們交往的天然障礙，久而久之，可能就會導致生活習俗、語言習慣的日趨分歧，以致各自形成不同的特色，產生方言的差異[39]。同一行政區域的人們所使用的語言，在頻繁的交際過程中往往形成強大的趨同性，而古代各級行政區劃的標準多以大江大河和山脈為界。因此區域方言的形成，多以行政區劃為單位，依靠社會的力量加以促進、強化。中國自

---

38 游汝傑：《漢語方言學導論》（第 2 版），上海教育出版社 2000 年版，第 45 頁。

39 詹伯慧等：《漢語方言與方言調查》，湖北教育出版社 1991 年版，第 137 頁。

給自足的自然經濟，更進一步加深不同區域之間的方言差別，促成同一地區方言特徵趨於一致。而由於戰亂、饑荒、人口飽和等原因而產生的移民現象，則又會促進不同地域方言的融合。研究江西方言的分片除考慮各地區方言的語音特徵之外，江西的地理環境、歷史行政區劃變革、社會歷史的變遷，都是需要綜合考慮的因素。

近年來，有學者[40]根據江西境內贛方言內部分歧的具體情況和漢語方言分區理論，把江西境內贛方言劃分為南區贛方言和北區贛方言兩個大的區，對南區贛方言進一步劃分為崇仁片、鉛山片、泰和片和分宜片。

崇仁片：進賢、東鄉、臨川、金溪、資溪、南城、宜黃、南豐、樂安、崇仁、廣昌

鉛山片：橫峰、鉛山、弋陽、鷹潭市、餘江

泰和片：吉安、永豐、泰和、萬安、永新、寧岡、蓮花、萍鄉、遂川

分宜片：宜春、分宜、新余、峽江

北區贛方言則劃分為都昌片、奉新片和樂平片。

都昌片：湖口、都昌、永修、德安、修水、武寧、南昌、南昌市

奉新片：宜豐、上高、樟樹、新幹、萍鄉、豐城、萬載、奉

---

40 孫宜志：《江西贛方言分區述評及再分區》，《南昌大學學報》（人文社科版），2001 年第 2 期。

新、高安、銅鼓中部

　　樂平片：彭澤、景德鎮市、樂平、餘干、萬年、波陽

　　這種分片的方法，除考慮了方言內部的差異之外，也與江西的自然地理、歷史區劃相印證，如贛方言南、北的區分，與江西地理環境的特點相吻合，與江西歷史上北民南遷的歷史相印證。南區、北區各片之間的差異則與唐宋以來的江西建制沿革有關。

　　這一分片理論雖然還沒有被普遍接受，但應該說比較符合江西贛方言語音特徵分佈的基本情況，比較合理地把方言分片的內部因素與外部因素結合起來作全面考察。

　　綜合以上情況，本書對江西贛方言作如下分片：

江西贛方言南昌片十八個縣市區

　　　南昌市五區（東湖、西湖、青雲譜、灣里、青山湖）

　　　南昌縣　新建縣　安義縣　高安市（部分）永修縣

　　　修水縣　德安縣　共青城市　星子縣　都昌縣　湖口縣

　　　武寧縣　瑞昌市（西南部）

江西贛方言宜春片十七個縣市區

　　　宜春市袁州區　萬載縣　宜豐縣　銅鼓縣（中部）

　　　萍鄉市兩區（安源、湘東）　上栗縣　蘆溪縣

　　　新余市渝水區　分宜縣　上高縣　樟樹市　新幹縣

　　　豐城市　高安市（部分）　奉新縣　靖安縣

江西贛方言吉安片十四個縣市區

　　　吉安市兩區（吉州、青原）　吉安縣　吉水縣　峽江縣

　　　泰和縣　永豐縣　安福縣　蓮花縣　永新縣　寧岡縣

　　　井岡山市

萬安縣　遂川縣

江西贛方言撫州片十二個縣市區

撫州市臨川區　進賢縣　東鄉縣　資溪縣　金溪縣
崇仁縣
宜黃縣　樂安縣　南城縣　黎川縣　南豐縣　廣昌縣

江西贛方言鄱陽片十三個縣市區

鷹潭市月湖區　貴溪市　餘江縣　萬年縣　樂平市
景德鎮市兩區（珠山、昌江）餘干縣　鄱陽縣　彭澤縣
橫峰縣　弋陽縣　鉛山縣

附：江西贛方言分佈圖

江西贛方言分佈圖

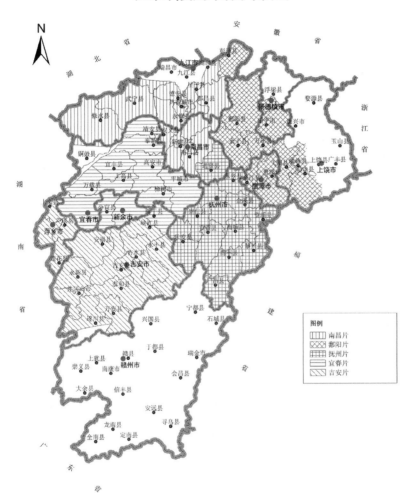

（二）江西客家方言的分佈和內部分片

1. 江西客家方言的分佈

江西客家方言主要分佈在江西省境南部地區，省境西北部、西部、中部以及東北部也有客家方言分佈。江西省使用客家方言的居民人口近千萬，有客家方言分佈的縣市區近四十個。這些縣市區如下：

贛州市

贛　縣	于都縣	大余縣	信豐縣[41]	安遠縣	會昌縣
尋烏縣	興國縣	上猶縣	崇義縣	寧都縣	石城縣
龍南縣	定南縣				

全南縣

南康市　瑞金市

章貢區[42]

吉安市

萬安縣	泰和縣	永豐縣	吉安縣	永新縣	寧岡縣

遂川縣

井岡山市

宜春市

銅鼓縣	萬載縣	宜豐縣	奉新縣	靖安縣

---

41 信豐縣城嘉定鎮及城郊少數村落通行官話方言，其餘區域都通行客家方言。

42 章貢區城區通行官話方言，客家方言只在郊區通行。

萍鄉市

    蓮花縣

九江市

    修水縣　武寧縣

上饒市

    上饒縣　橫峰縣

    德興市

撫州市

    資溪縣

以上縣市區，有部分屬於絕大部分居民使用客家方言的「純客家方言區域」，如贛州市下轄的除章貢區、信豐縣以外的其他十六個縣市。有些屬於部分居民使用客家方言的「部分客家方言區域」，如贛州市下轄的信豐縣、章貢區，吉安市下轄的遂川縣、井岡山市，宜春市下轄的銅鼓縣。相當部分屬於只有少量居民使用客家方言的「零散客家方言區域」，贛南地區以外的有客家方言分佈的縣市大多數即為此類情況。這些縣市主要通行贛方言（大部分縣市），有的主要通行吳方言（如上饒縣）或徽州方言（如德興市），在這些縣市中，客家方言通常以方言島的形式存在，受當地的主要方言包圍。

2. 江西客家方言的內部分片

《中國語言地圖集》[43]從全國分佈態勢對客家方言所作分片

---

43 中國社會科學院、澳大利亞人文科學院：《中國語言地圖集》，香港朗

與江西境內客家方言有關的有三片：

寧龍片

寧都　興國　石城　瑞金　會昌　安遠　尋烏

信豐　定南　龍南　全南　廣昌　永豐

于桂片

于都　贛縣　南康　大余　崇義　上猶　寧岡

井岡山　永新　吉安縣　遂川　萬安　泰和

銅鼓片

銅鼓　修水　武寧　靖安　奉新　高安　宜豐　萬載

其中寧龍片十三個縣都在江西省境內，于桂片十八個縣市江西境內有十三個，另湖南省有五個（汝城、桂東、酃縣[44]、茶陵、攸縣），銅鼓片十個縣市江西境內有八個，另湖南省有二個（瀏陽、平江）。

顏森[45]分贛南客家方言為東西兩片：

東片

興國　寧都　石城　瑞金　會昌　尋烏　安遠

定南　龍南　全南　信豐

西片

大余　崇義　上猶　南康　贛縣　于都

文出版（遠東）有限公司 1987 年版，圖 B15「客家話」文字說明。

44 現稱「炎陵縣」。

45 顏森：《江西方言的分區》，《方言》，1986 年第 1 期。

劉綸鑫對江西客家方言所作分片情況為[46]：

劉綸鑫首先分江西客家方言為「客籍話」與「本地話」兩大派系。

江西客家方言客籍話與本地話的分別形成於贛南地區。「客家話」是客家居民主要聚居地之一的粵東北舊嘉應州[47]地區對客家居民所使用的方言的稱名。在贛南，人們稱由粵東北遷入的「客家人」所說的話為「客家話」，而稱更早即居住於贛南的「本地人」所說的方言為「本地話」。從語言學角度看，贛南的客家話與本地話都屬於客家方言，所謂本地人其實是其先民比來自粵東北的客家人先民更早遷入這一地區的客家居民。因此方言研究者對贛南的客家話使用「客籍話」的名稱以區別於語言學意義上的「客家方言」，並且也以「客籍話」來稱說江西省其他地區的入遷時間較為晚近的客家居民所說的客家方言。

客籍話與本地話的分別，實際就在於客家居民入贛定居時間先後的不同。客籍話是指分佈於江西省境南部、西部、西北部以及東北部地區，由明代末年至清代初年間從福建、廣東遷入的客家籍居民所帶來並得到傳承使用的客家方言。贛西和贛西北部地區的客籍話又稱為「懷遠話」，而贛南地區的客籍話又稱為「廣東話」，在贛東北地區，客籍話的稱名是「廣東話」「汀州話」。

客籍話與本地話都屬於客家方言，具有共同的語言特點。由

---

46 劉綸鑫：《江西客家方言概況》，江西人民出版社 2001 年版，第 40 頁。

47 轄境今主要為梅州市所轄。

福建、廣東遷入的客家籍人所帶來的客籍話，還有著與福建、廣東的客家方言相同的一些特點而與本地話有所差異。

江西客家方言中的客籍話的分佈情況如下：

（1）贛南

客籍話分佈最廣的在贛南四境山區，即贛南南部地區，包括定南、龍南、尋烏、全南等縣以及崇義縣境西北部、上猶縣境西部、興國縣境北部、瑞金市境東部、會昌縣境東南、信豐縣境西南部。

贛南客家方言客籍話分佈的區域大致相當於顏森所劃分的贛南客家方言東片。

（2）贛西北

贛西北的客籍話主要分佈在九嶺山脈地區，包括銅鼓、修水、武寧、萬載、宜豐、奉新、靖安等縣縣境。銅鼓縣說客籍話的居民數量最多，約八萬人，占全縣總人口的百分之六十，分佈於豐田、排埠、二源、石橋、溫泉、三都、西向、大塅、古橋等鄉（據顏森調查）。與銅鼓縣接壤的萬載、宜豐、奉新、靖安、修水等縣市的部分地區也分佈說客籍話。萬載縣說客籍話的居民有一萬多人，分佈範圍大致為縣境西部與湖南省接壤處；宜豐縣說客籍話的居民約三萬人，占全縣總人口的十分之一，集中分佈在黃岡、車上、天寶、同安、花橋等鄉鎮；奉新縣的甘坊、七里、西塔、石溪、澡溪、仰山等鄉鎮約有說客籍話的居民五萬人，占全縣總人口的五分之一；靖安縣的宮莊、都和修水縣的山口、何市、上奉等鄉鎮以及武寧縣的石門鄉、高安市的華林鄉也分佈著客籍話。

（3）贛中、贛西

贛中山區與贛西羅霄山脈部分地區，即贛方言吉安片主要分佈的吉安市下轄縣市的部分山區，分佈著與當地主要通行方言贛方言不同的客家方言客籍話。如廣昌縣驛前鄉，永豐縣潭頭、龍岡、君埠鄉，吉安縣前嶺、敖城、天河、官田、指陽、富田、東固等鄉鎮，泰和縣碧溪、橋頭、上圯、老營盤、中龍、小龍、水槎、沙村等鄉鎮，萬安縣的順峰、澗田、武術、寶山等鄉鎮，永新縣的坳南、曲江鄉，寧岡縣睦村、茅坪、白露、大隴、荷花等鄉鎮，蓮花縣荷塘鄉有部分居民說客籍話。

江西客家方言客籍話分佈的區域大致相當於顏森所劃分的贛南客家方言東片。

江西客家方言中的「本地話」主要分佈在贛南中部地區，其範圍包括：

贛州市郊區，贛縣、于都縣、大余縣、南康市的全部轄境，信豐縣縣城以外的大部分縣境，安遠縣、會昌縣的大部分縣境，瑞金市境西南部、興國縣境南部、上猶縣境東部、崇義縣境東南部。

安遠、會昌、信豐、瑞金等接近客籍話的地區的本地話，受客籍話的影響較大。南康、贛縣境內有部分客籍居民分佈地區人口較稠密，客籍話的特徵比較突出。

（1）寧石話

劉綸鑫在把江西客家方言分為客籍話和本地話兩大派系的同

時，又因「與客籍話有較多的相似之處」「卻又自成一體」[48]而把寧都、石城兩縣的方言並稱「寧石話」單獨作為一類。寧石話主要分佈於寧都、石城兩縣，瑞金市和興國縣與寧都、石城相毗鄰的地區的方言也與之相近。

（2）贛東北客家方言

胡松柏考察了贛東北地區客家方言分佈的情況[49]：

贛東北的客家方言有「汀州話」和「廣東話」兩支，分佈在上饒縣、德興市和橫峰縣的部分鄉鎮，使用人口在一萬左右。「汀州話」主要在上饒縣南部鐵山、四十八和五府山幾個閩西客家村較集中分佈的鄉鎮散佈。「廣東話」的散佈區域可分為南北兩片：北片以德興市繞二為中心，包括毗鄰的花橋鎮和橫峰縣葛源、龍門畈，上饒縣北部姜村、湖村、清水等鄉鎮；南片是上饒縣南部四十八鎮和五府山鎮。

從源流上看，贛東北客家方言都係由明末清初從福建、廣東遷入的客家移民帶來，屬於前述江西客家方言中的客籍話。

（3）畬話

江西省境內的畬族居民大部分都在使用居住地區當地主要通行的漢語方言，只有少數地區的畬族居民所使用的語言是不同於當地方言，通常自稱為「山客話」或「藍雷話」的「畬話」。關

---

48 劉綸鑫：《客贛方言比較研究》，中國社會科學出版社 1999 年版，第 34 頁。

49 胡松柏：《客家移民和客家方言在贛東北的流播》，《江西社會科學》，2006 年第 11 期。

於畬話的語言性質，學術界有不同的看法。一般認為畬話是一種屬於客家方言的漢語方言，例如陳海洋主編的《中國語言學大辭典》中「畬話」條目稱畬話是「畬族所說的客家話。畬族絕大多數人口使用客家方言畬族客家話與漢語客家話基本相同」[50]。

　　江西的畬族居民目前尚在使用的畬話主要分佈在贛東北貴溪市樟坪和鉛山縣太源兩個畬族鄉。劉綸鑫、胡松柏分別完成發表了貴溪樟坪畬話和鉛山太源畬話的研究著作[51]。贛東資溪縣和贛北武寧縣也有畬話分佈。胡松柏調查了「武寧畬話」的概況[52]。

　　畬話屬於江西客家方言中在語言特點上尤其是源流發展上獨具特色的一支。

　　綜合以上情況，本書對江西客家方言作如下分片：

江西客家方言贛南片十八個縣市區

　　　興國縣　瑞金市　會昌縣　尋烏縣　安遠縣

　　　定南縣　龍南縣

　　　全南縣　信豐縣——東部小片

　　　大余縣　崇義縣　上猶縣　南康市　贛州市章貢區

　　　贛縣　于都縣——西部小片

50 陳海洋主編：《中國語言學大辭典》，江西教育出版社 1991 年版，第517 頁。

51 劉綸鑫：《貴溪樟坪畬話研究》，中國社會科學出版社 2008 年版；胡松柏：《鉛山太源畬話研究》，中國社會科學出版社 2012 年版。

52 胡松柏：《江西武寧畬話述略》，第二屆瀕危方言學術研討會，吉首，2011 年；胡松柏：《江西武寧畬話的源流分佈、語言特點和語用狀況》，第十屆客家方言國際學術研討會，成都，2012 年。

寧都縣　石城縣——寧石片

江西客家方言贛中、贛西片十一個縣市

資溪縣　廣昌縣　永豐縣　吉安縣　泰和縣　萬安縣

永新縣　寧岡縣　遂川縣　井岡山市　蓮花縣

江西客家方言贛西北片七個縣

銅鼓縣　修水縣　武寧縣　萬載縣　宜豐縣　奉新縣

靖安縣

江西客家方言贛東北片四個縣市

德興市　橫峰縣　上饒縣　鉛山縣

附：江西客家方言分佈圖

江西客家方言分佈圖

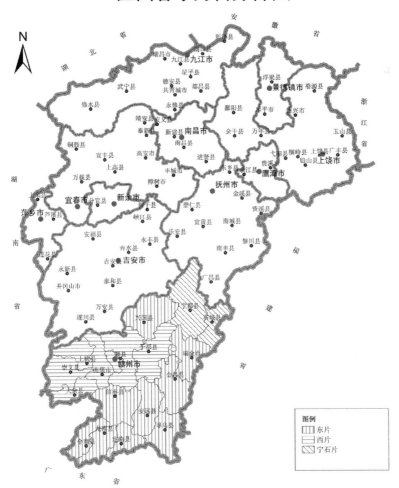

图例
東片
西片
宁石片

（三）江西吳方言和徽州方言的分佈和內部分片

江西吳方言和江西徽州方言都分佈在江西省境贛東北部。

1. 江西吳方言的分佈和內部分片

江西吳方言區域與浙江省常山、江山兩縣市縣相毗連，方言與浙江麗水、衢州的吳方言連為一片。《中國語言地圖集》在吳語處衢片龍衢小片下列出江西屬於吳語區域的縣市[53]：

上饒市[54]　上饒縣　廣豐　玉山　德興（限隴頭）

顏森《江西方言的分區》[55]一文中稱：「吳語區有四個縣市：上饒市、上饒、廣豐、玉山。德興縣的龍頭山也說吳語。」

龍頭山鄉位於德興市南部，與玉山縣相接。上述「隴頭」是鄉境南部的一個片村，包括龍頭上呈、龍頭下呈、南塢等七個自然村。龍頭山鄉境內通行吳方言玉山話的不僅限於隴頭，但也非全境，而是除鄉人民政府駐地暖水以外的多數村落。德興市境內另一處通行吳語的區域是西南部的繞二鎮，其南部重溪[56]等七個行政村通行吳方言上饒話（上饒北鄉話）。[57]

---

53 中國社會科學院、澳大利亞人文科學院：《中國語言地圖集》，香港朗文出版（遠東）有限公司 1987 年版，圖 B9「吳語」文字說明。

54 指舊縣級市上饒市，即今上饒市市區信州區。

55 顏森：《江西方言的分區》，《方言》，1986 年第 1 期。

56 繞二鎮下轄南部重溪等 7 個行政村曾長期為「重溪鄉（公社）」一個獨立的行政區域，1968 年始併入繞二公社。

57 胡松柏：《贛東北的嘉應客家移民與嘉應「廣東話」》，《南方語言學》第二輯，暨南大學出版社 2010 年版。

鉛山縣東北部青溪鎮和鵝湖鎮部分區域也通行吳方言上饒話。

江西吳方言的通行區域應包括上饒市下轄的六個縣市區：

信州區　上饒縣　玉山縣　廣豐縣

德興市（部分）　鉛山縣（部分）

關於江西吳方言的內部分片，胡松柏分街話片和廣（豐）玉（山）片[58]。

街話片

上饒市信州區市區及近郊北門、常青、茅家嶺鄉，上饒縣縣城旭日鎮和縣域中部、東南部楓嶺頭、皂頭、鐵山、上瀘等鄉鎮。鉛山縣東北部青溪、傍羅[59]、鵝湖三個鄉鎮。

廣（豐）玉（山）片

廣豐縣，玉山縣，上饒縣北部、東南部鄭坊、華壇山、田墩、花廳等鄉鎮。信州區東北部遠郊靈溪、沙溪、秦峰、朝陽四個鄉鎮，橫峰縣葛源鎮[60]，德興市繞二鎮南部。

綜合以上情況，本書對江西吳方言作如下分片：

---

58 兩片胡松柏：《贛東北方言調查研究》，江西人民出版社 2009 年版，第 13、14 頁。

59 傍羅鄉 2003 年劃歸鵝湖鎮。

60 胡松柏、劉存雨撰文認為「處於贛、吳、徽語交接地帶的葛源話，是朝著贛語化方向發展的保留有吳語底子且受徽語影響的一種混合方言」（胡松柏、劉存雨：《贛、吳、徽語交接地帶橫峰葛源話的特點和性質》，《上饒師範學院學報》，2008 年第 4 期）。據此，葛源話應不列入江西吳方言。

江西吳方言西片

即上述贛東北吳方言「街話片」

江西吳方言東北片

玉山縣

上饒縣（北部鄭坊鎮、華壇山鎮、望仙鄉、石人鄉、煌固鎮）

信州區（東北部靈溪街道、沙溪鎮）

德興市（繞二鎮南部、龍頭山鄉大部）

江西吳方言東南片

廣豐縣

上饒縣（南部花廳鎮、田墩鎮）

信州區（東北部秦峰鄉、朝陽鄉）

2. 江西徽州方言的分佈和內部分片

《中國語言地圖集》關於徽州方言的地理分佈稱：「徽語分佈於新安江流域的舊徽州府（包括今屬江西省的婺源），浙江的舊嚴州府，以及江西的德興、舊浮梁縣（今屬景德鎮市）等地。」[61]

顏森《江西方言的分區》[62]一文中稱：「徽語區有三個縣市：婺源、德興、景德鎮市（市區說贛語，舊浮梁縣農村說徽

---

61 中國社會科學院、澳大利亞人文科學院：《中國語言地圖集》，香港朗文出版（遠東）有限公司 1987 年版，圖 B10「安徽南部的方言分佈」文字說明。

62 顏森：《江西方言的分區》，《方言》，1986 年第 1 期。

語）。」

　　婺源縣東部、北部與安徽省休寧縣相接，歷史上長期隸屬於安徽（歙州、徽州），至一九三四年劃入江西，一九四七年劃回安徽，一九四九年再劃入江西。浮梁縣東部、北部與婺源縣和安徽省祁門縣、東至縣相接，一九六〇年撤銷縣建制併入景德鎮市，一九八八年復縣。德興市北接婺源縣。三個縣市地理相連，轄境基本上屬於江西省境內的徽州方言區域。其中浮梁縣南部洪源鎮、湘湖鎮、壽安鎮的部分區域，方言受相鄰贛方言的影響有逐漸蛻變為贛方言的趨勢。德興市市境西南繞二鎮南部和市境南部龍頭山鄉除鄉人民政府駐地暖水以外的大部分區域通行相鄰上饒縣、玉山縣的吳方言，在江西徽州方言區域之外。

　　關於江西徽州方言的內部分片，《中國語言地圖集》將婺源縣大部分劃歸休（寧）黟（縣）片，德興市、浮梁縣和婺源縣「南部太白鄉和賦春以西」區域劃歸徽語祁（門）德（興）片[63]。

　　胡松柏把江西徽州方言區域分為兩片[64]。

　　　婺源片：婺源縣

63 中國社會科學院、澳大利亞人文科學院：《中國語言地圖集》，香港朗文出版（遠東）有限公司 1987 年版，圖 B10「安徽南部的方言分佈」文字説明。

64 胡松柏：《贛東北方言調查研究》，江西人民出版社 2009 年版，第 14 頁。

浮德片：浮梁縣（縣城浮梁鎮城區除外）[65] 德興市

綜合以上情況，本書對江西徽州方言作如下分片：

江西徽州方言西北片

浮梁縣（縣城浮梁鎮城區除外）

江西徽州方言中片

婺源縣（南部太白鎮除外）

江西徽州方言南片

德興市（繞二鎮南部、龍頭山鄉大部分區域除外）

婺源縣（南部太白鎮）

《中國語言地圖集》把婺源縣「南部太白鄉和賦春以西」劃入祁德片。太白鎮（舊稱鄉）南接德興市，方言與德興市境北部區域方言接近。然「賦春以西」所指尚欠明確，賦春鎮位於婺源西部，西接浮梁縣。據本書著者調查，賦春鎮主要通行的「賦春話」也還屬於「婺源話」之內，不與「浮梁話」近。「賦春以西」當不包括賦春。「賦春以西」的鎮頭鎮，著者調查了其中最西端的遊山村（縣內最大的自然村，人口逾 3000），其語音特點顯示應屬於「婺源話」。故「賦春以西」地區方言的片屬情況還有待作進一步調查以確定。

（四）江西官話方言的分佈和內部分片

《中國語言地圖集》關於江西省境內的官話方言有如下表

65 浮梁縣於 1988 年復設，新建的縣城浮梁鎮城區通行贛方言景德鎮話。

述：

　　「江西省的贛州市和信豐縣城也說西南官話，是兩個小方言島。」「江西的九江市[66]、九江、瑞昌屬於江淮官話的黃孝片。人口約九十五萬。」[67]

　　顏森《江西方言的分區》[68]一文中稱：「官話區有五個縣市：九江市[69]、九江、瑞昌、贛州市[70]和信豐（縣城嘉定鎮及桃江鄉的大部分，龍舌鄉的小部分，大阿鄉的太平圍村說官話。全縣大部分農村說客家話）。九江和瑞昌在贛北，贛州和信豐在贛南。」

　　九江市潯陽區、廬山區、九江縣和瑞昌市位於江西省北部，地理相連，區域北部自西而東，隔長江與湖北省陽新縣、武穴市、黃梅縣和安徽省宿松縣相接。轄境基本上屬於江西省境內的官話方言區域。

　　湖口縣境北部長江沿岸一帶村落通行屬於江淮官話的「黃岡話」和「九江話」。彭澤縣境內泉山鎮和定山鎮的紅光村，以及長江江洲中的棉船鎮，也是江淮官話的通行區域。

66 指舊縣級市九江市，即今九江市潯陽區。

67 中國社會科學院、澳大利亞人文科學院：《中國語言地圖集》，香港朗文出版（遠東）有限公司 1987 年版，圖 B11「江西省與湖南省的漢語方言」文字說明。

68 顏森：《江西方言的分區》，《方言》，1986 年第 1 期。

69 指舊縣級市九江市，即今九江市潯陽區。

70 指舊縣級市贛州市，即今贛州市章貢區。

　　江西省南部贛州市境內，市區章貢區和以南不相毗連的信豐縣的縣城嘉定鎮及城郊部分區域，是兩小片通行官話方言的方言島區域。

　　綜合以上情況，本書對江西官話方言作如下分片：

江西官話方言北片

　　　　九江市潯陽區　廬山區　九江縣

　　　　瑞昌市（西南部除外）

　　　　湖口縣（北部沿江小部分地區）

　　　　彭澤縣（北部沿江小部分地區）

江西官話方言南片

　　　　贛州市　章貢區（包括近郊小部分區域）

　　　　信豐縣（縣城嘉定鎮及城郊部分區域）

　　江西官話方言北片可稱贛北官話，南片可以稱贛南官話。

　　贛北官話屬於江淮官話的黃孝片，受周邊地區的贛方言的影響，帶有贛方言某些特徵。贛南官話屬於西南官話，受周邊地區的客家方言的影響，帶有客家方言的某些特徵。

　　贛北鄱陽湖環湖地帶多個縣市散佈的「河南話」方言島，可以附於贛北官話之下。

附：江西吳方言、江西徽州方言、江西官話方言分佈圖

江西吳方言

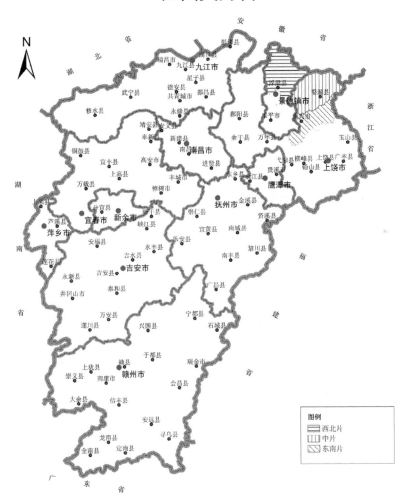

江西徽州方言

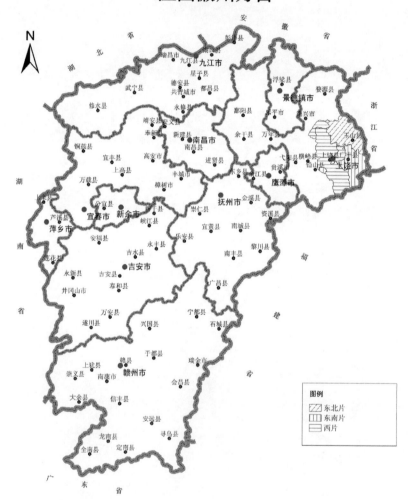

江西官話方言分佈圖

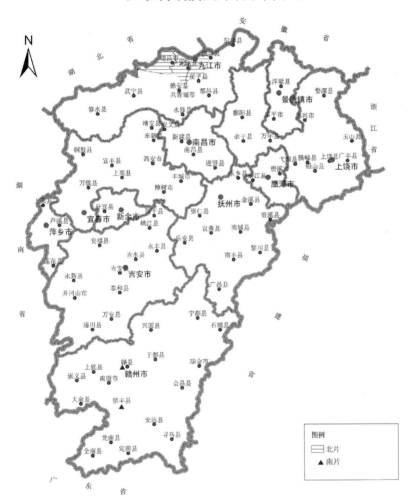

二、江西的方言島區域

江西省境內的方言島主要分佈在贛東北、贛西北和贛北鄱陽湖環湖地區。在贛東北的東南部主要通行贛方言、吳方言和徽州方言的區域，分佈有福建話方言島、麻山話方言島和客家話方言島。在鄱陽湖環湖地帶的十餘個主要通行贛方言的縣市，分佈有河南話方言島和湖南話方言島以及湖北話、四川話方言島。前述分佈於贛西北和贛中、贛西的江西客家方言，除了銅鼓縣的客家方言區域連片分佈面積較大以外，其餘的也都以方言島的形式散佈於主要通行贛方言的各縣市。前述江西官話方言的贛南官話，實際上也屬於一類官話方言島。在贛東北、贛北和贛西北的多個縣市，還分佈有屬於徽州方言的淳安話方言島。畬族居民所說的畬話也在江西省境內一些縣市有零星的方言島分佈。

由於面上調查的欠缺，關於江西省境內的方言島的種類和分佈還有待進一步作更廣範圍的調查才能有更全面更確切的瞭解。以下所列是根據現有調研材料歸納的江西省境內方言島的分佈情況。

（一）贛東北福建話方言島

閩方言在江西省境內主要以方言島的形式分佈於贛東北地區的東南部。這些當地稱之為「福建話」的閩方言屬於閩方言閩南片向外流播的支系。贛東北福建話屬於一類「群島型」的方言

島，呈斑點狀[71]分佈於上饒市下轄的八個縣市區，即：上饒縣、廣豐縣、玉山縣、橫峰縣、弋陽縣、鉛山縣、德興市、信州區。據胡松柏調查統計，以上八個縣市區有閩南話分佈的鄉鎮共計六十個（2009 年修訂為 80 餘個鄉鎮），行政村兩百二十六個，使用贛東北福建話的人口二十餘萬[72]。

有贛東北福建話分佈的鄉鎮如下[73]：

信州區：北門　茅家嶺　沙溪　秦峰　朝陽

上饒縣：旭日　　楓嶺頭　董團　大地　茶亭　尊橋　高泉
　　　　皂頭　　黃市　　田墩　花廳　前程　應家　鐵山
　　　　黃沙嶺　四十八　石獅　煌固　石人

廣豐縣：河北　洋口　鶴山　梘底　　橫山　關裡　少陽
　　　　沙田　桐畈　二渡關　嶺底　大南　湖豐

玉山縣：三清　紫湖　懷玉　童坊　　南山　少華　樟村
　　　　雙明　文成　古城　四股橋　林崗　白雲　橫街
　　　　臨湖　六都　下塘　群力　　華村

鉛山縣：青溪　傍羅　鵝湖　虹橋　五銅　稼軒　港東
　　　　石塘　英將　紫溪　武夷山

71 「群島型」的方言島，「此類方言島面積很小，在語言分佈圖上成斑點狀，好像大海中的群島」（游汝傑：《漢語方言學導論》修訂本，上海教育出版社 2000 年版，第 61 頁）。

72 胡松柏：《贛東北閩南方言略說》，《方言》，1998 年第 2 期。

73 胡松柏：《贛東北方言調查研究》，江西人民出版社 2009 年版，第 14 頁。

横峰縣：岑陽　姚家　青板　鋪前　龍門畈　港邊　蓮荷
　　　　上坑源

德興市：黃柏　繞二　龍頭山　畈大

弋陽縣：弋江　南岩　漆工　　葛溪　灣里

（二）贛東北麻山話方言島

「麻山話」是贛東北地區分佈的另外一類範圍廣、影響大的方言島。贛東北麻山話屬於贛方言撫廣片向外流播的支系。贛東北麻山話可分為兩支：一支是來自江西省東部南豐縣的移民帶來的「南豐話」，一支是來自福建省西北部建寧縣的移民帶來的「建寧話」。因此贛東北麻山話在不同的方言島區域有分別使用「麻山話」「南豐話」「建寧話」的稱名的情況。

南豐縣與建寧縣地理相連，從語言特徵來看，「南豐話」和「建寧話」都屬於贛方言撫廣片。

贛東北麻山話方言島與福建話方言島分佈範圍大致相同、使用人口數相近，分佈於上饒市下轄的八個縣市區：上饒縣、廣豐縣、玉山縣、橫峰縣、弋陽縣、鉛山縣、德興市、信州區。據胡松柏調查統計[74]，以上八個縣市區有閩南話分佈的鄉鎮約有一百個，使用人口約二十萬。有贛東北麻山話分佈的鄉鎮如下：

信州區：沙溪　靈溪　　朝陽　秦峰

---

[74] 胡松柏：《贛東北方言調查研究》，江西人民出版社 2009 年版，第 16 頁。

上饒縣：旭日　華壇山　鄭坊　望仙　石人　茗洋　汪村
　　　　湖村　清水　煌固　楓嶺頭　羅橋　石獅　大地
　　　　董團　茶亭　尊橋　皂頭　黃市　上瀘　黃沙嶺
　　　　應家　田墩　四十八　鐵山　前程　五府山
廣豐縣：河北　洋口　鶴山　棍底　吳村　大南　社後
　　　　排山　毛村　泉波　嵩峰　桐畈　二渡關　嶺底
玉山縣：紫湖　童坊　少華　南山　樟村　古城　四股橋
　　　　岩瑞　林崗　橫街　必姆　雙明　臨湖　文成
　　　　六都　下鎮　下塘　群力　華村　八都
橫峰縣：岑陽　新篁　葛源　青板　龍門畈　鋪前　港邊
　　　　姚家
鉛山縣：永平　新灘　石溪　鵝湖　新安　虹橋　稼軒
　　　　湖坊　楊村　英將　港東　陳坊　篁碧　武夷山
弋陽縣：烈橋　中畈　葛溪　灣里　圭峰　箭竹　周潭
　　　　南港口
德興市：張村　萬村　黃柏　界田　繞二

（三）贛北河南話方言島和贛北湖南話方言島

1. 贛北河南話方言島

　　贛北河南話方言島由河南東南部移民入遷而形成。贛北河南話屬於官話方言中原官話片中的信（陽）蚌（埠）小片向外流播的支系。

　　贛北河南話方言島主要分佈區域在鄱陽湖環湖地帶，以鄱陽湖為中心形成三片河南話方言群島：鄱陽湖以東鄱陽、彭澤、都

昌三縣相交的「湖東片」，鄱陽湖以西永修、德安、武寧三縣相交的「湖西片」，鄱陽湖西南高安市相城鎮、相城墾殖場以及田南鎮一帶的「湖西南片」。其他贛北地區也有零星的分佈。據張向陽調查[75]，贛北河南話分佈於十二個縣市，使用人口約八九萬。這些縣市包括：

　九江市：永修縣　武寧縣　修水縣　德安縣　星子縣（共青城市[76]）

　都昌縣：湖口縣　彭澤縣

　南昌市：新建縣　安義縣

　上饒市：鄱陽縣

　宜春市：高安市

2. 贛北湖南話方言島

贛北湖南話方言島由湖南省長沙地區移民入遷而形成。贛北湖南話屬於湘方言長（沙）益（陽）片向外流播的支系。

贛北湖南話方言島分佈於鄱陽湖以西九江市下轄的永修、德安、武寧三縣，其中永修是贛北湖南移民人口最多且分佈集中的縣份。胡松柏報導了永修縣湖南話方言島的概況[77]。

永修縣的湖南移民分佈於縣境西北（與德安縣、武寧縣毗

---

[75] 張向陽：《贛北河南方言島語音研究》，南昌大學碩士學位論文，2007年。

[76] 縣級市共青城市 2010 年新設。

[77] 胡松柏：《江西永修縣的湖南移民和「湖南話」方言島》，第二屆湘語國際學術研討會，湘潭，2010 年。

鄰）的梅棠、白槎、三溪橋、燕坊四個鎮：

　　梅棠鎮 29　　個自然村共 1518 人

　　白槎鎮 13　　個自然村共 555 人

　　燕坊鎮 6　　個自然村共 464 人

　　三溪橋鎮 5　　個自然村共 245 人

四個鎮中五十三個湖南移民村共有湖南籍居民近三千人。

（四）贛南官話方言島

即前述江西官話方言南片贛南官話的贛州市章貢區和信豐縣城兩個官話小片，屬於西南官話。

（五）贛西北客家方言島和贛東北客家方言島

1. 贛西北客家方言島

贛西北是江西省境內客家方言島分佈的一個重要區域。贛西北的客家居民先民主要來自福建省西部舊汀州地區和廣東省東部舊嘉應州地區。贛西北客家方言當地稱為「客籍話」「懷遠話」，都屬於江西客家方言客籍話。

贛西北客家方言島主要分佈在贛西北九嶺山脈地區的銅鼓、修水、武寧、萬載、宜豐、奉新、靖安等縣。據顏森調查統計[78]，這些縣有贛西北客家方言島分佈的鄉鎮如下：

銅鼓縣：豐田　排埠　二源　石橋　溫泉　三都　西向

78 顏森：《江西方言的分區》，《方言》，1986 年第 1 期。

　　　　　　大塅　　古橋

萬載縣：（縣境西部與湖南省接壤處）

宜豐縣：黃岡　　車上　　天寶　　同安　　花橋

奉新縣：甘坊　　七里　　西塔　　石溪　　澡溪　　仰山

靖安縣：宮莊　　　都

修水縣：山口　　何市　　上奉

武寧縣：石門

高安市：華林

2. 贛東北客家方言島

　　贛東北客家方言島有兩支：一支當地稱為「汀州話」，屬於客家方言汀州片；一支當地稱為「廣東話」，屬於客家方言粵台片嘉應小片。「汀州話」和「廣東話」都屬於江西客家方言客籍話。

　　贛東北客家方言島分佈於上饒市下轄的八個縣市區：德興市、上饒縣、信州區、橫峰縣、鉛山縣、廣豐縣、玉山縣、弋陽縣。據胡松柏調查統計[79]，以上八個縣市區有贛東北客家方言島分佈的鄉鎮如下：

德興市：繞二　　新營　　花橋　　張村　　龍頭山

上饒縣：旭日　　華壇山　　望仙　　石人　　茗洋　　湖村　　清水

　　　　楓嶺頭　　石獅　　大地　　董團　　茶亭　　尊橋　　皂頭

---

[79] 胡松柏：《贛東北方言調查研究》，江西人民出版社 2009 年版，第 15頁。

上瀘　黃沙嶺　應家　田墩　花廳　四十八

鐵山　前程　五府山

信州區：沙溪　靈溪　秦峰　朝陽

橫峰縣：新篁　葛源　龍門畈

鉛山縣：石溪　鵝湖

玉山縣：紫湖　懷玉山　少華　南山　臨湖

弋陽縣：漆工　磨盤山　花亭　曹溪

廣豐縣：關裡　大南　排山　毛村　沙田　二渡　關桐畈

嶺底

必須指出的是，贛東北的「汀州話」「廣東話」處於重度的瀕危演變過程中，部分方言島已經消失。上述鄉鎮有一部分實際上所記錄的只是二〇世紀五六十年代的狀況，如信州區、鉛山縣、玉山縣、弋陽縣、廣豐縣的鄉鎮和上饒縣那些非縣境邊遠區域的鄉鎮，無論是「汀州話」還是「廣東話」現已基本消失，之所以列入，當更多的出於保存信息的考慮。

（六）江西畲話方言島

畲族居民使用的畲話，學術界一般認為當屬於客家方言。考慮到畲話的源流演變背景，本書考察方言島情況將其單獨列為一類方言島。

江西畲話主要分佈在贛東北的鉛山縣太源畲族鄉與貴溪市樟坪畲族鄉，使用人口近兩千人。贛東資溪縣和贛北武寧縣也有畲話分佈。江西畲話分佈的鄉鎮和行政村如下：

鉛山縣：太源畲族鄉

貴溪市：樟坪畬族鄉

武寧縣：新寧鎮（團結民族村）

資溪縣：烏石鎮（新月畬族村）

附：江西方言島分佈圖

江西方言島分佈圖

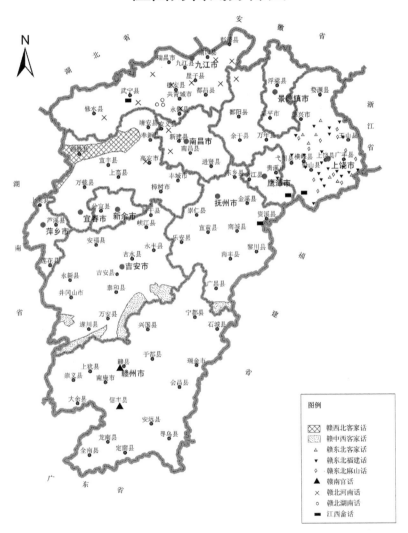

第二節 ▶ 江西方言的形成

一、江西方言形成的歷史背景

　　現代江西的地理位置，史籍上稱之為「吳頭楚尾」，亦稱為「南楚之地」。西漢初年立豫章郡，屬揚州六郡之一。唐代著名詩人王勃《滕王閣序》有「豫章故郡，洪都新府。星分翼軫，地接衡廬」之句。「翼軫」乃楚之分野。可見古代江西地區與吳越荊楚屬同一文化體系。但史籍對江西的方言鮮有記錄。中國第一部方言論著，西漢揚雄的《方言》並沒有對江西地區的方言詞彙作明確記錄。最早對江西方言有所記錄的當為東漢許慎的《說文解字》，《說文解字・艸部》載：「莽，南昌謂犬善逐兔草中為莽。」但亦屬吉光片羽。而現代江西周邊地區的方言自上古以來，則有史籍記載，有源頭可溯，如「楚語」「楚聲」「吳語」「吳音」之名，多見經史以及其他文獻之中，如：

　　　　孟子謂戴不勝曰：「子欲子之王之善與？我明告子。有楚大夫於此，欲其子之齊語也，則使齊人傳諸？使楚人傳諸？」曰：「使齊人傳之。」曰：「一齊人傳之，眾楚人咻之，雖日撻而求其齊也，不可得矣；引而置之莊岳之間數年，雖日撻而求其楚，亦不可得矣。」[80]

80 《孟子・滕文公》。

居楚而楚，居越而越，居夏而夏，是非天性也。[81]

王大將軍年少時，舊有田舍名，語音亦楚。[82]

可見楚地方言特色是非常明顯的，不僅有別於中原的語音，與相鄰的吳越地區相比，亦特徵明顯。西漢揚雄《方言》對楚地方言多有記載，如：

摧，詹，戾，楚語也。[83]

譠，極，吃也。楚語也。[84]

古代史冊中，「吳語」「吳音」之名更屢見不鮮，如：

宋世江東貴達者，會稽孔季恭、季恭子靈符、吳興丘淵之及琛，吳音不變。[85]

劉真長始見王丞相，時盛暑之月，丞相以腹熨彈棋局，曰：「何乃淘？」劉既出，人問：「見王公云何？」劉曰：「未見他異，唯聞作吳語耳！」[86]

---

81 《荀子‧儒效篇》。

82 《世說新語‧豪爽》。

83 《方言》卷1。

84 《方言》卷2。

85 《宋書‧顧琛傳》。

86 《世說新語‧排調》。

吳越毗鄰，語音亦當相近，《方言》以「吳越」連言，記載
其方言詞彙，達十之多，如：

> 胥，由，輔也。吳越曰胥，燕之北鄙曰由。[87]
> 攏，綿，施也。秦曰攏，趙曰綿。吳越之間脫衣相被謂
> 之攏綿。[88]
> 憐職，愛也。言相愛憐者，吳越之間謂之憐職。[89]
> 煦煆，熱也，乾也。吳越曰煦煆。[90]

但與吳越楚連為一體的江西方言，在上古、中古，乃至近代
都缺乏明確的定位與特定的稱謂。史籍上最早對江西方言名稱作
記錄的，當為《南史·胡諧之傳》：

> 胡諧之，豫章南昌人也。祖廉之，書侍御史。父翼之，
> 州辟不就。諧之仕宋，為邵陵王左軍諮議。齊武帝為江州，
> 以諧之為別駕，委以事任。建元二年，為給事中、驍騎將
> 軍。上方欲獎以貴族盛姻，以諧之家人語奚音不正，乃遣宮
> 內四五人往諧之家教子女語。二年後，帝問曰：「卿家人語

---

87 《方言》卷6。
88 《方言》卷6。
89 《方言》卷7。
90 《方言》卷7。

音已正未？」諧之答曰：「宮人少，臣家人多，非唯不能得正音，遂使宮人頓成奚語。」

《余學嘉論學雜著‧釋傖楚》指出：

> 永嘉喪亂，幽、冀、青、並、兗州及徐州之淮北流民相率過淮，亦有過江者……其地多中原村鄙之民，與楚人雜處，謂之「雜楚」。吳人薄之。亦呼「傖楚」。別目九江、豫章諸楚人謂「傒」。而於荊州之楚，以其與揚州唇齒，為上游重鎮，獨不受輕視，無所指目，非復如東渡以前，統罵楚人為傖矣。

可見，永嘉之前，江西與湖南、湖北等地，統稱為「傖」，永嘉後，江西九江、南昌等地居民被稱為「傒」，則其方言自然稱為「傒語」。「傒音」「傒語」當為史冊上第一次明確對古代江西地區通行的方言名稱的記載。這雖是史冊最早對江西方言名稱的記載，但這種不以地域名稱命名，且帶有嘲諷、輕鄙的名稱，自然不可能被江西民眾所接受，也不可能成為江西方言的代稱。

江西方言在古代之所以缺乏明確的定位，當在於其地理位置獨特。方言屬於社會文化的範疇，近年來，有學者主張從文化區域的角度對古代漢語方言劃分區域，如鄧曉華根據文化區域和語言區域的理論，認為自新石器時代以來，中國有許多區域性的文化，「我們可以根據史前存在的南北兩大文化區域的傳統，根據南北漢語的不同語言特質，把漢語分成南北漢語二大區域。又可

以在南方漢語中的各個文化小區中，如吳越文化、楚文化、東南百越文化，劃分南方漢語方言區域」[91]。江西方言無疑屬於南方漢語方言區域，但其「吳頭楚尾」的地理位置，使人難以確定江西方言到底屬於哪一種文化範疇，屬於南方方言的哪一個區域。

林語堂根據《方言》所引地名進行綜合分析，推定漢代方言可分為十四個系三十六個小片，即秦晉、梁及楚之西部、趙魏自河以北（加燕代之南）、宋衛及魏之一部、鄭韓周、齊魯、燕代、燕代北鄙朝鮮洌水、東齊海岱之間淮泗（亦名青徐）、陳汝潁江淮（楚）、南楚、吳揚越、西秦、秦晉北鄙。

揚雄《方言》對「南楚」之地的方言記錄甚詳。據林語堂的統計，《方言》全書提到「南楚」八十五次，其中單言「南楚」，不併引其他地名的四十二次，提到「南楚之外」「南楚之南」十次。其次數之多，在全書僅少於中原的「秦晉」。

可見「南楚方言」在秦漢時期已經形成了自身鮮明的方言特色，至於其範圍，林語堂認為當包括「沅、湘、湘潭、九嶷、蒼梧、湘源」等地。

近來，有學者[92]認為，江西方言在秦漢時期，當屬於楚語，即「南楚系」的範疇。

劉綸鑫認為，《史記・貨殖列傳》中就有明確記載：「衡山、

---

91 鄧曉華：《人類文化語言學》，廈門大學出版社 1993 年版，第 12 頁。

92 劉綸鑫：《客贛方言史簡論》，《南昌大學學報》（人文社科版），1999 年第 3 期。

九江、江南、豫章、長沙，是南楚也，其俗大類西楚。」則漢代江西方言亦當屬「南楚系」無疑。我們認為，這一觀點應當比較符合漢代以前江西方言與文化的實際情況。

漢代江西作為南楚方言的一大區域，其方言語音特徵如何，現已無從考證。那麼，漢代江西方言與現代江西方言的關係如何？是否是現代江西「贛方言」的直接源頭？答案應當是否定的。

方言的變化，與人類歷史的變遷、人類社會的活動密切相關。某一地域的方言與其歷史方言的關係是非常複雜的。有的系在其歷史方言的基礎上傳承演變而來；有的是其歷史方言由於戰爭動亂、人類遷徙等原因，已成為失落的方言；有的雖可以從現代方言的特徵發現其歷史方言一二特徵的遺留，而基本特徵已發生顯著的變化。因此，探討江西方言的形成，探討江西贛方言和客家方言的歷史發展過程，一定要把現代贛方言、客家方言與江西地區的歷史方言的關係作明確定位，將二者作為不同歷史時期的語言現象區別開來，在此基礎上考察分析二者的關係。

語言是人類交際的工具，語言的產生是與人類活動密切相關的。從歷史文化源頭看，江西地區開發非常早。經考古發現，在四五萬年以前的舊石器時代，就有人類在江西這塊土地上棲息。迄今為止，新石器時代的文化遺址已在江西發現了五六十處。商周文化遺址約有二百處，分佈在江西省四十多個縣市之中。江西地區農業開發歷史悠久。新石器晚期的青銅農具，在全國其他地區僅發現四十一件，而江西新幹商墓就發現有二十三件，加上斧、鑿、錐等工具共一百二十件。這充分說明當時江西農業的發

展已經具有較高的水平。自商代開始，江西地區的瓷業、銅礦開採與冶煉鑄造技術已經非常發達，吳城商代遺址出土了四座龍窯及六座升焰式圓窯，瑞昌銅嶺遺址是我國迄今為止發現最早的古銅礦遺址，新幹商墓中出土了大量青銅禮器和兵器，特別是大鉞、雙尾銅虎、怪形銅面具。一九七六年新幹出土銅鼎五件，形制和花紋相似，大小依次遞減，這就是文獻所說的「列鼎」，是大夫一級奴隸主貴族的權力象徵。說明商王朝的權力觸角已延及江西，中原文化已進入了江西地區。[93]

西周時期，周王朝在江西地區設立了邦國。據李學勤研究，周公定東夷之後，曾在今江西餘干地區置應國，設監。一九五八年，餘干縣黃金埠出土「雁監甗」一件，內壁有銘文六個。經郭沫若考證，為「雁監作寶尊彝」。「雁」即應國之「應」，「監」是周王朝派來的監國者。《周禮・天官・大宰》：「乃施典於邦國而建其牧，立其監。」鄭玄註：「監謂公侯伯子男，各監一國。」一九八一年陝西扶風縣出土的銅飾件上有銘文曰：「艾監，叔趙父，作旅口，其寶用」，李學勤認為「艾監」和「應監」一樣，是西周王朝派往艾地的監國者。艾在今修水縣境。

以上考古材料說明，江西自舊石器時代、特別是從新石器時代開始到殷周時代就已有悠久的文明。自商周時代開始，江西文化已納入了中原文化，與吳、楚一樣，江西地區的通用的語言也應當是漢語的分支。

---

93 部分參見劉綸鑫：《客贛方言史簡論》，《南昌大學學報》（人文社科版），1999 年第 3 期。

江西地區的語言第一次受到中原語音的影響，當在秦王朝建立之初。秦始皇二十六年（前二二一年），使尉屠睢發卒五十萬南下，「其一軍守南野之界，一軍結餘干之水」[94]。後來又增派一萬五千女子來為將士們作內勤。據《南越筆記》卷二、《元和郡縣志》卷二十八記載，漢因秦舊制，派庾勝兄弟帶領軍隊駐守大庾嶺。「大庾嶺」之名，由此而得。

　　到了東漢，豫章郡空前繁榮興旺。根據西元二年和西元一四〇年的人口統計資料，當時全國總人口減少，但是豫章郡人口由西元二年的 351,965 人猛增至西元一四〇年的 1,668,906 人，淨增 1,316,941 人；戶數由西元二年的 67,462 戶猛增至一四〇年的 400,496 戶，淨增 333,034 戶。在當時全國一百多個郡中，豫章郡的人口名次由五十三位躍居第四位。在揚州部的六個郡中，也由第五位躍居第一位。當時，揚州部總人口的五分之二都住在豫章郡，足見當時豫章郡的昌盛景象。這當與江西優越的自然條件，特別是鄱陽湖平原肥沃的土地，相對安定的社會環境，人民生活安定、繁衍生息等因素息息相關，屬於江西地區人口自然增長。秦漢駐軍推動了江西地區的開發，但對江西方言的影響並不是很大，江西方言在秦漢時期，仍當屬於南楚方言區的一支。

　　江西方言受中原語言的衝擊並逐漸融合，當始於東漢末年。時值中原大亂，中原士民紛紛南下，江西接納了不少移民。繼之以三一六年，五胡亂華，西晉滅亡，加劇了中原大亂的局面。江

南相對安定，中原士民紛紛南渡避難。「京洛傾覆，中州士女避亂江左者十六七。」[95]據譚其驤《晉永嘉喪亂後的民族遷徙》一文考證，當時江蘇接收的中原移民最多，其次為安徽，再次為湖北、四川、河南南部、陝西北部及山東北部。至於江西，譚其驤認為：「江西、湖南二省處皖鄂之南，距中原已遠。故流民之來者較少，且其地域僅限於北邊一小部分。」[96]許懷林《江西史稿》說：「當時進入江西的流民主要在潯陽郡」，「在潯陽郡內先後設置的僑郡有西陽郡、新蔡郡、安豐郡、松滋郡、弘農郡、太原郡等」。[97]這次中國歷史上規模浩大的移民遷徙，對江右（江西）地區的影響雖遠不如江左為甚，但開啟了之後的移民路線。

江西地區的南楚方言受到中原移民方言的影響，也將面臨方言屬性改變的命運，這種改變，當最終形成於唐代後期。唐代安史之亂帶來的是中國歷史上第二次中原大亂，士民南逃。此次移民浪潮，很自然地擴散到了江西地區。據《元和郡縣志》載，唐代後期全國戶口普遍減少，唯獨鄱陽湖地區、贛江中游地區戶口大增。江西人口，在隋朝時為八萬五千六百三十八戶，盛唐開元時為二十萬五千九百七十三戶，元和時增至二十九萬三千一百八十戶，歷五代至宋初猛增至五十九萬一千八百七十戶。[98]除去人

---

95 《晉書・王導傳》。

96 譚其驤：《長水集》，人民出版社 2011 年版，第 243 頁。

97 許懷林：《江西史稿》，江西高校出版社 1998 年版，第 26 頁。

98 鍾起煌主編：《江西通史》第四卷，江西人民出版社 2009 年版，第 88 頁。

口的自然增長，江西地區人口增長的主要原因還是移民因素的影響。

移民因素所帶來的江西地區人口的快速增長，對江西地區的社會、政治、經濟、文化諸方面造成了深遠的影響。其中，對江西地區方言的影響就是其中的主要方面之一。討論江西方言的形成，準確地說，討論江西客、贛方言的形成，必須深入考察唐季移民對江西方言的影響和所產生的分水嶺的作用，以此把江西方言分為兩個不同的歷史時期進行綜合分析。

二、江西各大方言區域的形成

（一）江西贛方言的形成

關於江西贛方言的形成，學術界有過較多的討論，袁家驊、羅常培、顏森、陳昌儀、劉綸鑫、周振鶴、游汝傑、周靜芳、沙加爾等學者都有過論述，看法也不盡相同。比較一致的看法是，贛方言與客家話有過共同的源頭，即「原始客贛語」。羅常培的《臨川音系》最早提出贛方言臨川話與客家話是「同系異派」的方言。此後的學者基本認同這一觀點。

但關於「原始客贛」方言形成的年代及其形成的原因，到目前為止，研究者的看法尚存在分歧。不同的觀點有：早期（漢代）說，中期（唐）說，近代（元明）說。

持早期說的研究者，以江西本土的客贛方言學者為主，如陳昌儀、顏森、劉綸鑫等。劉綸鑫一方面認為，東漢之前，江西豫章郡的方言是屬於南楚方言的一支，同時又認為，漢代豫章郡方

言，就是客、贛方言的古代形式，並稱之為「古客贛方言」。發展到唐代，江西地區的贛方言已經和現在相差無幾了。[99]

陳昌儀從人口歷史、社會文化與語言特徵兩方面出發，把贛語的形成分為兩個階段。第一階段為漢代，這是江西歷史上人口第一次增速最快的時期，「兩漢縣的設置在贛語形成的第一階段起了決定性的作用。中原人第一次大批湧入，促使了中原文化的傳播，促進了中原漢語與土著語言的融合。這一融合過程大約到東漢末期才完成」[100]。第二階段在唐、宋、元時期，這三時期分別是江西歷史上繼漢代之後，人口增速最快的三個時期，這三次人口增長的主要因素以人口遷移等外來因素為主，這三次人口大增長的結果是「客家先人的大遷徙對贛語產生了深刻的影響，使贛語再次經歷了中原文化、語言與土著文化、語言融合的過程。這一過程大約在宋元之際完成」[101]。

陳昌儀的觀點除建立在社會文化、人口遷徙等歷史文化的基礎之上外，還基於三點語言學角度的事實：

（1）餘干、宜春、永新、寧岡梗攝的兩種白讀音分屬不同的歷史層次。如餘干、宜春：

文讀 1　　　　　　文讀 2

〔en in ən〕　　　〔in iŋ〕

---

99 劉綸鑫：《客贛方言史簡論》，《南昌大學學報》（人文社科版），1999年第 3 期。

100 陳昌儀：《贛方言概要》，江西教育出版社 1991 年版，第 4 頁。

101 陳昌儀：《贛方言概要》，江西教育出版社 1991 年版，第 4 頁。

白讀 1　　　　　　　白讀 2

〔aŋ　iaŋ　uaŋ〕　　　　〔en　eŋ〕

　　其他韻攝中也有類似例子，如餘干「尿」有〔si³³〕、〔n̠ieu¹³〕兩個讀音。並認為，梗攝陽聲韻白讀為〔aŋ　iaŋ　uaŋ〕的，大約代表兩宋及宋元之間中原漢語的讀音，來源於客家話。這是漢語第三次大遷移大批湧入贛語區，給贛語留下的印記之一。梗攝陽聲韻字無白讀音或白讀音為〔en　eŋ〕的，代表著更早的原始贛語的讀音。

　　（2）湖南、湖北的贛語片是江西向兩湖移民造成的，從五代開始，在明代達到高峰。贛語先民進入兩湖時間上下五六百年，所操方言內部仍有較大的一致性。湖南贛語片的新化和湘陰深入到湘語腹地且遷入時間較早，更為典型。「如果不存在原始贛語，上述新化、湘陰方言系統中的贛語特徵就難以作出令人信服的解釋。」[102]

　　（3）贛語區在相當大的範圍內殘存或折射了上古漢語「古無舌上音」的特點。如知三組、章昌母，精清從、莊初崇開口一二等大部分字或部分字讀〔t、tʻ〕的現象幾乎遍及全贛語區；「在知組三等字及章昌二母全部或大部分讀〔t、tʻ〕的代表點中，撫州、南城、奉新、高安、修水、吉安、吉水等，都是漢代建縣的」[103]。

102 陳昌儀：《贛方言概要》，江西教育出版社 1991 年版，第 8 頁。

103 陳昌儀：《贛方言概要》，江西教育出版社 1991 年版，第 9 頁。

　　劉綸鑫認為江西「古客贛方言」起源於漢代，是唐宋乃至現代客贛方言的直接源頭。這一觀點恐不符合江西方言發展的實際情況。現代客贛方言與古代（唐以前）的方言是否具有源流關係很難確定。現代「客贛方言」作為方言學的名詞，是與其區別性特徵即「全濁聲母清化送氣」的特徵相聯繫的。 如果要認為漢代江西就存在「古客贛方言」，就必須承認這種特徵是在其古代固有語音特徵的基礎上產生的，具有傳承性。但語言學界普遍的看法是：現代江西客贛方言的形成是受中原移民語音的影響所產生的。因此將客贛方言產生之前的江西方言稱之為原始客贛方言，恐不符合江西方言的實際情況。劉綸鑫曾提出過，東漢之前的江西方言屬於「南楚方言」的範圍，這與其提出的「古客贛方言」似乎存在矛盾。

　　陳昌儀提出贛語形成的兩階段說，比較合理地解釋了江西方言發展的階段。但他把東漢時期的江西方言定位為原始客贛方言，並從語言事實的角度，論證了東漢時期形成的方言就是現代江西方言的原始形式。這一觀點亦有值得商榷之處，

　　如上所述，首先，東漢江西方言與現代客贛方言並不具備直接的源流關係。現代客贛方言不是在古代（唐以前）江西方言的基礎上直接演變而來，而是受中原語音的影響而產生的。方言學意義上的客贛方言與代表地理概念的「客贛方言」應當嚴格區別開來。顯然，劉綸鑫與陳昌儀兩位學者並不是把「客贛方言」作為一種地理概念的方言名詞來定位的。

　　其次，陳昌儀還提出了三點語言事實來證明自己的觀點，但這三點語言事實都有可商榷之處。

（1）「梗攝陽聲韻白讀為〔aŋ　iaŋ　uaŋ〕的，大約代表兩宋及宋元之間中原漢語的讀音，來源於客家話」[104]，這不符合漢語方言的現實。這一白讀音，不僅存在於客家方言、贛方言，也存在於吳方言、湘方言等南方方言地區，很難說是客家帶來的中原漢語的讀音。餘干、宜春、永新等地存在的兩套文白讀形式，是不同時期方言影響產生的疊置現象。但很難斷定某一白讀音一定代表了早期的語音形式。此外，餘干「尿」有〔si³³〕、〔ȵieu¹³〕兩個讀音並不能作為論據，〔si³³〕只是對「尿」的行為的一種擬聲記音，或者說是「尿」的訓讀音。

（2）湖南新化、湘陰贛語區內部語音特徵存在一致性特點，是因為這些地區的方言是在江西贛方言已經形成以後，由於移民原因所形成的。江西地區向兩廣移民，雖始於五代，而大規模的移民卻發生在明代，此時贛方言已經形成，與現代贛方言相去無幾。

（3）至於第三點，江西方言知三組、章昌二母，精莊組洪音聲母讀 t、tʻ 的現象，並不能反映「古無舌上音」的特點。這一點，孫宜志《江西贛方言中古精莊知章組字的今讀研究》一文有深入論述。他認為，江西贛方言中的精莊知章組聲母在江西贛方言中讀 t、tʻ 的現象並不是古音的遺留，而是語音演變的結果。以知三章組字為例，他認為「贛方言知三章組今讀 t、tʻ 是

---

104 陳昌儀：《贛方言概要》，江西教育出版社 1991 年版，第 5 頁。

聲母擦音成分失落，而不是古音保留」[105]。並以方言事實為依據，提出了兩點理由：

①從方言音系結構本身來看，贛方言知三章組今讀 t、t' 的方言點與中古同韻的其他聲組的韻母不同。如修水古知三章組字聲母今讀 t、t'、s，韻母為洪音，但同韻的其他聲組韻母讀細音。

②贛方言的峽江、南城、金溪、臨川、南豐等方言點透、定母有今讀擦音 h、ɕ 的現象，但是從知三章組來的 t、t' 今不讀 h、ɕ，可見這些方言點知三章讀 t、t' 的現像一定是發生在透、定母今讀 h、ɕ 之後的語音現象。

因此，贛方言形成的「早期說」，目前還缺乏有力的證據。江西方言形成的第一階段與第二階段都是江西方言形成的兩個關鍵時期，但產生的方言的屬性發生了很大的變化。因此，不宜簡單地把這兩個時期的江西方言聯繫起來，而應當以方言名稱加以區別。不妨把第一階段的方言稱之為「古江西方言」，第二階段方言稱為「古客贛方言」。

持「中期說」的學者以法國學者沙加爾（Laurent Sagart，1988）為代表。沙加爾從方言現象出發，通過對不同時期江西歷史人口統計結果的對比，描述了客、贛方言的形成過程。他把贛方言分為「前贛北語」與「前贛南語」兩個階段。沙加爾認

---

105 孫宜志：《江西贛方言中古精莊知章組字的今讀研究》，《語言研究》，2002 年第 2 期。

為，唐朝初年，中國北方移民湧入鄱陽湖平原地區，帶來了一種接近早期中古漢語的語言，這種語言與唐朝前期原居民所說的南方方言進行融合，形成了今贛北方言的祖先語言——前贛北語。唐代中、後期，湧入江西的移民達到高峰，並多定居於贛中。這些移民所帶來的中原語音進一步與前贛北語融合，形成了以前贛北語為基礎，而帶有濃厚北方色彩的新方言——前贛南語。前贛南語是今贛中方言的祖先語。[106]

沙加爾的觀點雖然「更多的是一種推測，但其中有合理的成分」[107]。首先，沙加爾把「贛語」定位為現代方言學意義上的概念，即具有現代贛方言本質特徵的方言。其次，從人口統計與語言演變理論的角度對贛方言形成時代的確定，比較符合社會、歷史的事實與語言演變的規律。隨著對唐宋語音研究的深入，越來越多的事實已經說明，贛方言基本特徵的宋代就已經形成，但不可能早於唐代。贛方言形成的「中期說」應當比較符合歷史的事實。

「後期說」是由周振鶴、游汝傑在《方言與中國文化》一書中提出的。書中認為，贛語與客語是由原始客贛語分化出來的，原始客贛語大約在宋元之際形成，客語大約在元代形成，贛語稍

---

106 謝留文：《客家方言語音研究》，中國社會科學出版社 2003 年版，第 119 頁。

107 謝留文：《客家方言語音研究》，中國社會科學出版社 2003 年版，第 119 頁。

後，但不晚於明代。[108]

作為客贛方言標誌性特徵——「全濁聲母清化送氣」，早在北宋時期的江西文人音注中就有[109]，南宋時期就已經非常普遍[110]。現代江西贛方言韻母的顯著特徵，在宋代江西文人詩、詞、文用韻中就已經屢見不鮮[111]。元代江西文人用韻所反映的入聲韻的演變格局已經與現代贛方言大體一致[112]。因此，認為江西贛方言形成於元代以後，難具有說服力。

（二）江西客家方言的形成

客家方言是分佈於江西的第二大方言。客家方言與贛方言的關係一直糾葛不清，目前學術界一般的觀點是把客家方言與贛方言分立為漢語的兩大方言，但對二者的區別性特徵，以及二者是否應該分立，一直爭論不休。關於「客家方言」的起源與時間問題，學術界也存在很大的爭議。學術界比較一致的觀點認為，「客家」方言的形成與中原北民南遷關係密切。廣東人徐旭曾

---

108 周振鶴、游汝傑：《方言與中國文化》，上海人民出版社 1986 年版，第 40 頁。

109 孫建元：《宋代音注研究》，第 52 頁。

110 李無未：《元代吉安方音研究》，中華書局 2008 年版，第 64 頁。

111 魯國堯：《宋元江西詞人用韻考》，《近代漢語言研究》，商務印書館 1992 年版；杜愛英：《北宋江西詩人用韻研究》，南京大學博士學位論文，1998 年。

112 李軍：《元代江西詩文用韻所反映的入聲韻的演變及其分佈特徵》，《語言科學》，2010 年第 4 期。

《豐湖雜記》提出:「今日之客人,其先乃宋之中原衣冠舊族,忠義之後也。」[113]認為客家民系的形成始於宋代,民系的形成,自然伴隨客家方言的形成。自此之後,有更多的學者開始對客家民系的形成以及客家方言的形成進行探討。其中最著名的是客家學研究學者羅香林,他在一九三三年出版的《客家源流考》一書中認為:「客家這系統的形成,大體已晚在五代至宋初。」[114]徐傑舜則認為:「客家人南遷的歷史源遠流長,但其作為漢族中客家人支系的形成,大約在南宋之時,並以遷至廣東的東部和北部定居為標誌。」[115]從近年來各家的研究來看,比較一致的觀點是,客家方言的形成應當在宋元之際。但有一個問題始終困惑著客家方言研究者,那就是客家方言的語音特徵與贛方言的極為相似,二者的關係究竟如何,二者產生時間的先後情況如何?

近年來有學者(如沙加爾)提出了原始客贛語的說法,認為,客贛方言同為北方移民語言。北方移民南遷後,首先在贛北地區形成原始客贛語,隨著一部分移民繼續向贛南以及閩西、廣東地區移民,與當地方言融合,從而形成了客家方言。更有學者認為,客家方言是在贛方言的基礎上,與贛南、閩西、粵北畬民語言融合而形成的。如吳金夫《客家方言能與民系形成的時間與

113 徐旭曾:《豐湖雜記》,《徐氏宗譜》總譜卷二,第18頁。

114 羅香林:《客家源流考》,中國華僑出版公司1989年版,第18頁。

115 徐傑舜:《廣西客家源流分佈和風俗文化》,載《客家研究》第二輯,上海人民出版社1990年版,第48頁。

地點》[116]一文就認為，唐末黃巢之亂波及很廣，繼而五代十國諸侯紛爭，民不安生，而贛南山區相對比較平靜，是避亂的好去處，所以到北宋，贛南人口又有比較大的增長，經濟文化得到較大的發展，語言也發生新的變化，客家話即在此背景下，在贛方言的基礎上逐漸形成。客家話的形成，除了移民等因素外，與閩粵贛三省交界三角地區的漢人，比較長時間與畲族雜居有關，特別是人口較多的原先講贛方言的贛南漢人。據畲族研究專家考證，在宋代以前，當時福建的九龍江以西和粵東的潮州、梅州和江西的贛南等地區，也即閩粵贛三省交界地區，確是當時少數民族「蠻獠」的聚居區。「蠻獠」即今畲族，它的來源與越族南武侯織這一支關係最為密切。當時贛南的畲族人口究竟有多少，沒有統計數字，相信不會比漢人少多少，在長期的生活交往中，包括語言在內各方面互相影響，贛方言中又吸收了新到漢人及畲語中一些語音詞彙，形成客家話。畲族人也逐漸學會了客家話。贛北畲族少，黃巢之亂時遷入人數較少，語言變化小，仍操贛方言。

看來有關客家方言的形成年代及其與贛方言的關係，還有很多需要解決的問題。江西是客家方言分佈的主要地區之一，並且是客民南移的中轉站，瞭解江西客家方言的形成無疑是瞭解整個客家方言形成問題的關鍵。

116 吳金夫：《客家方言能與民系形成的時間與地點》，《汕頭大學學報》，1995 年第 3 期。

近年來，劉綸鑫對江西客家方言的形成問題作了深入研究。他認為江西境內的客家方言，可以分為客籍人說的客籍話和本地人說的本地話兩大派系，它們都具有客家方言的基本特徵，但由於地理位置、歷史行政區劃的不同，特別是居民遷入時間與來源的不同而有較大差異。[117] 它們的形成時間應當在明代。從來源看，姓氏譜牒記載，贛南本地人的先民大都是自贛北贛中逐步南遷的，而客籍人則是從贛南經閩汀、粵東再倒遷回來的。當時，這些客家人被稱為「閩廣流寓」「蘭戶」「棚民」「麻棚」「懷遠人」「客籍」。「閩廣流寓」是就他們的原籍而言的，因為他們初來時並不定居，故稱。「蘭戶」是指他們中的一部分人在山區以種蘭草等經濟作物為業。「棚民」「麻棚」是指他們初時在山中搭棚居住，以種植苧麻為生。至於「客籍」是對土著而言的，先來者為主，後來者則為客了。而所謂「懷遠人」是指清雍正三年，准江西寧州（相當今修水、銅鼓）知州劉世豪奏，為安輯棚民，將耕山者編入保甲，有產者另立都圖，以「懷遠」為名，隱寓招攜之義；也就是說，「懷遠」本為都名，轉而將懷遠都中居住的客家人通稱為「懷遠人」。至於這一帶的客家移民說的話，也就被稱為「廣東話」「懷遠話」或「客籍話」了。

　　正因為如此，許多客籍人與本地人乃至贛方言區的居民有著同宗關係，因此，劉綸鑫認為，這大概是客贛方言有許多共同點

---

117 劉綸鑫：《江西客家方言概況》，江西人民出版社 2001 年版，第36-42頁。

的主要原因之一。

（三）江西吳方言、江西徽州方言和江西官話方言的形成

江西吳方言、江西徽州方言和江西官話方言分別處於吳方言、徽州方言和官話方言的邊緣區域。瞭解它們的形成，首先要瞭解作為方言大區域的吳方言、徽州方言和官話方言總體上的形成過程，然後再結合其在江西境內局部區域的情況來考察。

1.江西吳方言的形成

關於吳方言的形成，游汝傑《漢語方言學導論》一書稱：「吳語的最早源頭可以追溯到先周時代，以太伯和仲雍為代表的北方移民，南徙到當時尚落後的江南地區。」「吳語在地理上大致由北向南擴展。先在蘇南形成，繼而擴展到浙北的杭嘉湖平原、寧紹平原，進而擴散到浙江中部、南部和西南部。」並指出北方移民浪潮湧入吳語區有三次高潮。「第一次是三國時代，孫權對江南的開發和經營吸引了大批的北方移民。……第二次是兩晉之交，北方移民浪潮不僅完全侵占了吳語區的寧鎮地區，而且深入到浙東。……第三次是兩宋之交，北方移民不僅造成杭州官話方言島，而且侵入到浙南溫州地區。」[118]

江西吳方言區域地理上與吳方言主要分佈區域之一的浙江省緊鄰，在轄境區域上與浙江地區密切相關，並且在行政管轄關係

---

[118] 游汝傑：《漢語方言學導論》，上海教育出版社 2000 年版，第 102、103 頁。

上也曾與浙江的大行政單位有過隸屬關係。玉山縣於唐（武周）證聖年（695）建縣，即分割須江縣、常山縣各一部為縣境，並隸衢州；廣豐縣於唐乾元元年（758）建縣，也分割衢州須江縣之一部為縣境。以今上饒市市區為中心的縣以上一級行政單位（先後稱信州、廣信府）一度也率上饒縣、玉山縣、廣豐縣劃歸浙江的州、府以上一級行政單位管轄。元至元十四年（1277），信州升為路，隸江浙行中書省，後信州路改為廣信府，仍隸江浙行省，至明初洪武四年（1371）才改隸江西行省。這種地理和行政上的聯繫，無疑是江西吳方言區域居民用語與江浙地區的方言產生趨同演變的重要條件之一。

由於江西吳方言區域屬於吳方言西南一隅，在吳方言區域先後接受北方移民浪潮衝擊的過程中受到的影響相對較小，體現在方言面貌上比現代吳方言中心區域更多地保留了古代吳方言的特徵。「由於北方移民帶來的北方話的影響，較古老的吳語特徵從南向北遞減，而最古老的吳語特徵則保存在今天的閩語中。」[119]例如，玉山、廣豐兩縣方言中「豬」讀〔t-〕聲母，「腳」稱「骹（口交切）」，與閩方言相同，但這並不是閩方言影響的結果，而是江西吳方言中保留的古代吳方言的語音、詞彙特點。

江西吳方言區域西鄰贛方言區域，並且長期與贛方言區域共處於同一個行政區劃之下，贛方言的影響在江西吳方言中也是顯

119 游汝傑：《漢語方言學導論》，上海教育出版社 2000 年版，第 103 頁。

見的。例如,「再坐一會兒」,玉山、廣豐兩縣方言既說「坐下添(屬於吳方言的說法)」,又說「坐下湊(屬於贛方言的說法)」,上饒市區和上饒縣的方言只說「坐下湊」。需要指出的是,作為江西吳方言西片的上饒話(上饒市區和上饒縣的方言),所受贛方言影響更深。胡松柏在《贛東北方言調查研究》一書中即指出「上饒話發生向贛語靠攏的趨同演變」,以至有「贛語化」的結果。[120]

2. 江西徽州方言的形成

游汝傑認為「徽語形成的歷史尚不明確」,「在各大漢語方言中徽語的形成時代和歷史成因最為模糊,研究成果也最少。不過有一點可以肯定,即徽語的底子是吳語。從吳語分化的年代下限可能晚至明末」[121]。鄭張尚芳認為徽語地區「直至六朝這裡應與吳語一樣同屬江東方言區」[122]。

徽州方言集中分佈於黃山以南,新安江流域的安徽舊徽州府全部,浙江舊嚴州府大部和江西舊饒州府部分區域。這一地區在東晉至隋以前主要同屬於新安郡,隋代始分為歙、睦二州,至宋代宣和年間改名徽、嚴二州。徽州方言的中心區域是皖南清代徽

120 胡松柏:《贛東北方言調查研究》,江西人民出版社 2009 年版,第 570、572 頁。

121 游汝傑:《漢語方言學導論》,上海教育出版社 2000 年版,第 111、109 頁。

122 侯精一主編、鄭張尚芳撰:《現代漢語方言概論·徽語》,上海教育出版社 2002 年版,第 90 頁。

州府績溪、歙縣、休寧、黟縣、祁門、婺源六縣。徽州地區多山地，山嶺阻隔，環境封閉，經濟與社會的孤立發展使徽州方言形成與周邊方言殊異的面貌，並且內部各縣也各自形成互相不能通話的土語，故徽州方言「應是漢語方言中內部分歧最大，通話程度最低的一種方言，而且未能形成可以在區內通行的強勢土語」[123]。

從現代方言分佈態勢看，徽州方言區域東面、北面與吳方言區域相接，西面、南面與贛方言區域相接。徽州方言以其吳方言的底子，「在贛方言的強大影響之下，形成一種非吳非贛的方言，即韻母像吳語而聲母像贛語的徽語來」[124]。

江西徽州方言區域中，婺源縣原屬徽州府六縣之一，系徽州方言中心區域之一部分。浮梁縣和德興市雖與徽州地區未有行政區劃上的聯繫，但地理上一北一南與婺源縣相接，並且浮梁縣還與徽州府六縣之中的另外兩縣休寧、祁門相接。這都為浮梁、德興兩地的方言趨同於徽州地區的方言提供了重要的地理條件。

地理上相鄰也為區域間的移民活動提供了便利。根據本書著者的調查統計[125]，浮梁縣境內的自然村，除了建村（或入遷）居

123 侯精一主編、鄭張尚芳撰：《現代漢語方言概論‧徽語》，上海教育出版社 2002 年版，第 91 頁。

124 侯精一主編、鄭張尚芳撰：《現代漢語方言概論‧徽語》，上海教育出版社 2002 年版，第 90 頁。

125 所據統計的資料為《景德鎮市地名志》，景德鎮市地名辦公室編印；《江西省德興縣地名志》，德興縣地名辦公室編印，1984 年版。

民的來源地不能確定的和來源地為縣內其他村落的以外，其餘居民來源地為縣外地區的七百〇六個自然村中，來源地為舊徽州府六縣的有三百四十四個（占居民來源地為縣外地區的自然村總數的 49%）。德興市境內的自然村，除了建村（或入遷）居民的來源地不能確定的和來源地為縣內其他村落的以外，其餘居民來源地為縣外地區的四百一十三個自然村中，來源地為舊徽州府六縣的有一百四十個（占居民來源地為縣外地區的自然村總數的 34%），其中來源地為婺源縣的有一百一十九個。大量的來自徽州方言中心區域的移民，奠定了浮梁、德興兩地方言演變為徽州方言的人口基礎。

3. 江西官話方言的形成

江西官話方言屬於大方言區域的是其北片即贛北官話，南片贛南官話屬於方言島。

贛北官話屬於江淮官話。江淮官話區域包括湖北省西北部，九江至鎮江的部分沿長江地區。贛北官話區域位於東西走向略呈狹長形狀的江淮官話區域的西南部，與湖北省的黃岡、孝感、黃梅等縣市同為官話方言江淮官話片黃孝小片。

劉丹青的《南京話音檔》認為，「江淮官話是在這一帶原先的南方方言（主要是吳語）和不斷南下的歷代北方人的方言長期融合之下逐漸形成的。」「江淮方言區總的傾向是北退南進……南界向南前移，持續蠶食著吳語區。」[126]劉丹青所說的是長江下

126 劉丹青：《現代漢語方言音庫・南京話音檔》，上海教育出版社 1997

游的情況。沿江而上，徽州方言、贛方言和湘方言也都受到來自北方的官話的衝擊。陳昌儀論及江西贛方言的情況時說：「歷代郡府所在地和一些比較開放的市鎮，如南昌、景德鎮、撫州市、吉安市等近代以來受北方話影響較大……有明顯的向北方話靠攏的趨勢。」[127]九江位於江西省最北端，依傍長江，得舟楫之便，為「七省通衢」，自古即系通都大邑，是長江中游重要的物質集散地，是人員流和物流的中心城市。在屢屢接受北方移民南下的過程中，連江西省腹地的都市都受北方話很大影響，九江市及其周邊地區的方言在江西省境內首當其衝地演變成官話，也自然是順理成章的事情了。

三、江西各地區方言島的形成

（一）贛東北地區方言島的形成

贛東北是江西省境內方言島分佈的重要區域，方言島方言種類多，分佈範圍廣，使用人口多。

贛東北地區「從明代至清初，外來移民一直在陸續地遷入，大規模的集中遷入，則在康熙中期以後」，「從整體上看，贛東北地區東部高、西部低。清代的移民運動主要發生在東部縣份，

年版，轉引自侯精一主編《現代漢語方言概論》，上海教育出版社2002年版，第9、16頁。

127 陳昌儀：《贛方言概要》，江西教育出版社1991年版，第12頁。

其中尤以上饒和玉山兩縣最為重要」。[128]

　　胡松柏考察了贛東北地區發生移民的歷史背景[129]，指出「有兩方面情況。一是棚民活動蓬勃開展。『清代初年，廣信府屬山區已有棚民的活動。』[130]長期未開發的贛東北東部山區至明末清初成為東南棚民活動的重要地區之一。所謂棚民，即因移民初來多以棚居而名。棚民入山墾殖，苧麻是主要的作物。麻山語也由此而得名……二是『三藩之亂』以後移民大量入遷。清康熙十二（1673）、十三（1674）年之交發生的『三藩之亂』對贛東北地區人口影響很大……為恢復農業生產，發展經濟，地方官府開始實施招民墾荒的政策。移民活動就在這一背景下大規模地展開」，「從移民遷出地的情況看，與贛東北方言島形成有關的歷史背景是清初朝廷『遷海令』的頒佈。為了隔離沿海人民與鄭成功及其他反清力量的聯繫，清廷強迫魯、浙、閩、粵等省沿海居民內遷」。贛東北福建話方言島的一部分正是由來自閩南沿海地區的移民北遷形成的。

1. 贛東北福建話方言島的形成

　　贛東北說「福建話」的居民一般都稱其先祖是從福建「下四

---

128 葛劍雄主編、曹樹基著：《中國移民史》第六卷，福建人民出版社 1997 年版，第 240 頁。

129 胡松柏：《贛東北方言調查研究》，江西人民出版社 2009 年版，第 19、20 頁。

130 葛劍雄主編、曹樹基著：《中國移民史》第六卷，福建人民出版社 1997 年版，第 240 頁。

府」（興化、泉州、漳州、汀州四府）遷來的。這部分居民的祖籍基本上屬泉州府所轄各縣。例如：鉛山縣石塘鎮尤田村桐村坂蔡姓《蔡氏宗譜》[131]載：「明英宗十四年正溥公偕期功兄弟移泉（州）南安而居數處。自國初由泉安過廣（信）鉛（山），樂其山水之秀乃擇而居之，遂聚於斯焉。日麟公遷於十七都桐村阪。」玉山縣紫湖鎮建設、土城兩村顏姓《永春顏氏族譜》[132]載：「我族從敬公派自天賜公從閩永春首遷上饒縣沙溪，爾後又於康熙八年（1669）其二子兩遷卜宅，日朗公定居玉山縣邊陲紫湖鎮建設村。」

2.贛東北麻山話方言島的形成

贛東北說「麻山話」居民的先祖來自江西南豐縣和毗鄰的福建建寧縣。例如：上饒縣鐵山鄉馬路村聶姓《聶氏宗譜》[133]載：「應選公清康熙（1662-1722）間由南豐遷居上饒馬路。」據上饒縣黃市鄉紅門村合石廖姓《廖氏宗譜》[134]記載，該村廖姓先祖於康熙年間由福建建寧縣遷來定居。

3.贛東北客家方言島的形成

贛東北客家方言有「汀州話」和「廣東話」兩支。說「汀州話」的居民的先祖來自福建「汀州府」。例如：上饒縣鐵山鄉吳

---

131 （清）順治辛丑年（1661）修。

132 （清）道光辛丑年（1841）修，1996年重修。

133 1992年重修。

134 1996年重修。

姓《吳氏宗譜》**135**載：「鐵山吳氏望族……前清乾隆間由閩汀上杭播遷江西饒南。」說「廣東話」的居民的先祖來自廣東梅州。例如：德興市繞二鎮李姓《李氏宗譜》**136**載：「火德府君宋末由汀州遷寧化、遷上杭，子孫更由上杭遷粵，而梅、而潮、而循、而韶……迨國朝遷豫章信之興安（橫峰縣舊稱）、饒之德興……」

4.贛東北畬話方言島的形成

關於江西省的畬話，胡松柏《鉛山太源畬話研究》一書**137**「導論」中有論述：

「江西畬話由宋元以後相鄰的福建、浙江兩省的畬民遷入而形成。根據已有的資料和調查所知，這些入贛畬（族）移民活動發生的時間，較早的在明代，最晚的則在當代建國後。江西省使用畬話的畬族居民，大部分屬於明清時期由福建遷入的早期入贛畬民。新中國成立後遷入的晚近入贛畬民是二十世紀五六十年代來自浙江淳安、遂安等地的新安江水庫移民**138**。因此，按照源出地的不同，江西省畬話實際上可以分為『閩籍畬話』和『浙籍畬話』兩類。貴溪市樟坪畬族鄉和鉛山縣太源畬族鄉的畬民所使用

---

135 民國六年修。

136 （清）乾隆四年修，光緒二十一年再修。

137 胡松柏：《鉛山太源畬話研究》，中國社會科學出版社 2012 年版，第4、5頁。

138 江西省接受安置了大量的新安江水庫移民，畬族移民只是其中一部分。

的畲話即屬於閩籍畲話，武寧縣新寧鎮團結民族村和資溪縣烏石鎮新月畲族村的畲民所使用的畲話則屬於浙籍畲話。」

鉛山縣太源畲族鄉畲民主要來自閩西汀州地區，也有來自閩北建陽縣的。畲民遷入太源定居，最早的是在明代，如石潭塢自然村藍姓從福建汀州遷來已十八代。不過移民活動最集中的時期是清代，大部分自然村均建村於從順治（1644-1661）到宣統（1909-1911）這兩百多年間。

貴溪市樟坪畲族鄉與鉛山縣太源畲族鄉相毗連，僅一山之隔，兩地畲民的居民歷史相同。

（二）贛西北地區方言島的形成

贛西北地區與贛東北地區互不連接，分佈於鄱陽湖平原的西部和東部兩側。與贛東北地區一樣，贛西北地區的移民活動，構成了主要發生於清代的江西移民活動的重要組成部分，也使得贛西北成為江西省境內方言島分佈的另一重要區域。

贛西北地區移民活動的主體是閩粵客家人，移民活動的結果是在這一地區形成了大量的客家方言「客籍話」的方言島。

前述劉綸鑫關於江西客家方言「客籍話」形成過程的論述，對贛西北客家方言島的形成有所涉及。《中國移民史》詳細敘述了贛西北閩粵移民的活動情況。「明代開始並與清代前期大量遷入贛南及贛中山區的閩粵客家人，穿越贛中盆地和贛北平原，進

入贛西及贛西北的丘陵山區。」[139]在明末清初的社會動亂中，以閩西汀州移民為主的棚民捲入了各種政治力量的角逐。「三藩之亂」後，大量棚民一度遭到驅逐，但也有部分存留。康熙中期之後，因墾荒需要，地方政府又大量招募來自閩粵的客家人。因此，閩粵客家人進入贛西北，實際上有兩個不同的時期，即清初的前期和康熙中期之後的後期。前期的移民以閩籍客家人為主，後期的移民以粵籍客家人為主。

贛西北閩粵客家人的居留地，主要有袁州府下轄的萬載縣和南昌府下轄的武寧、義寧州（後分設銅鼓縣並改為修水縣）、靖安、奉新等州縣。這些縣份，也成了贛西北客家方言島的主要分佈區域。

（三）贛北地區方言島的形成

這裡的贛北地區指鄱陽湖環湖地帶，地形多為平原或低矮的丘陵，與山區不同，明末清初相對早期的移民活動發生較少，移民活動多發生於清末民初相對更晚的時期。因移民活動而形成的方言島有河南話方言島、湖南話方言島、湖北話方言島、四川話方言島等。

1. 贛北河南話方言島的形成

據胡松柏、張向陽調查[140]，贛北河南話方言島居民的移民源

---

139 葛劍雄主編、曹樹基著：《中國移民史》第六卷，福建人民出版社1997年版，第222頁。

140 胡松柏、張向陽：《贛北「河南話」述略》，第四屆官話方言國際學

出地主要是河南東南部的信陽地區，其中主要是光山、羅山、商城、信陽四縣。《中國移民史》中稱「僅由河南光山一縣向蘇南、浙西、安徽和江西近六十個地方輸送的移民就有一百萬以上」[141]。就贛北的情況看，光山移民顯然是河南移民最主要的部分。

信陽地區移民在贛北的分佈情況是：光山移民主要分佈於永修、德安、鄱陽、彭澤四縣，羅山移民主要分佈於永修、德安、武寧、鄱陽、安義、彭澤六縣，商城移民主要分佈於鄱陽、德安、彭澤三縣，信陽縣（舊信陽縣今已撤縣設區）移民主要分佈在永修、鄱陽兩縣。

從移民南遷時間來看，贛北的河南移民村落建村大致可以分為早、中、晚三個時期，即明代（早期）、清代及民國初（中期）、新中國成立前後（晚期）。這裡的中期「清代及民國初」主要集中於清末民初，其中較早的遷徙發生於清道光年間（1821-1850）。晚期「新中國成立前後」大體指二十世紀三十至五十年代，又集中於抗戰前後。全部八百個左右的河南移民村中有三分之二建村於中期，其餘的為晚期和早期，而晚期的又多於早期的。中晚期移民的源出地大部分屬於信陽地區，移民的動因主要是災荒和逃難；早期移民的源出地主要為開封、許昌、南陽

術研討會，安康，2007 年。

141 葛劍雄主編、曹樹基著：《中國移民史》第六卷，福建人民出版社1997 年版，第 429 頁。

等地，移民的動因則主要是戰爭與動亂。

2. 贛北湖南話方言島的形成

據胡松柏調查[142]，永修縣的湖南移民主要來自長沙（應是非城區的長沙縣），也有來自望城、寧鄉、益陽、湘鄉等地的。望城、寧鄉、益陽等地與長沙都同屬於湘語長益片，只有湘鄉屬於湘語婁邵片。

永修縣湖南移民的入遷時間，最早的在清光緒年間（1875-1908），最晚的則在新中國成立後的一九六二年。在所分的「清末」「民國」「新中國成立後」三個階段，民國年間的移民活動呈一種持續性的態勢，頻度最大，人口也最多。

第三節 ▶ 江西各縣市區方言情況概覽

本節以行政區域為單位，分別概述江西省共計一百個縣一級行政區域（包括縣、縣級市和設區市下轄的區）轄境內通行方言的情況。各縣市區方言概況主要依據地方志、地名志和方言學著作等相關資料中的有關內容以及本書著者所作調研獲得的資料綜合而成。[143]

---

142 胡松柏：《江西永修縣的湖南移民和「湖南話」方言島》，第二屆湘語國際學術研討會，湘潭，2010 年。

143 本節縣市區和鄉鎮的行政區劃、轄境面積、人口數字等信息的表述和統計均依據江西區劃地名網 2012 年公佈的最新資料。

一、南昌市方言概況

南昌市下轄五區、四縣，各區縣概況和方言情況如下：

1. 東湖區

東湖區為南昌市中心城區一部分，下轄十個街道、一個管理處、十個行政村，區人民政府駐花園街道。區境面積二十二點三平方公里，人口五十二點九萬。

區境內通行城區一致的「南昌話」。南昌話屬於江西贛方言南昌片。

2. 西湖區

西湖區為南昌市中心城區一部分，下轄十個街道、一個鎮，區人民政府駐南浦街道。區境面積三十九點二平方公里，人口四十四點一十六萬。

區境內通行城區一致的「南昌話」。南昌話屬於江西贛方言南昌片。

3. 青雲譜區

青雲譜區位於南昌市區南部，下轄五個街道、一個鎮，區人民政府駐洪都街道。區境面積四十點四平方公里，人口二十六萬。

區境內通行城區一致的「南昌話」。南昌話屬於江西贛方言南昌片。

4. 青山湖區

青山湖區位於南昌市區東部，下轄三個街道、六個鎮，區人民政府駐青山路街道。區境面積二百三二平方公里，人口四十點三十四萬。

區境內通行城區一致的「南昌話」。南昌話屬於江西贛方言南昌片。

5. 灣裡區

灣裡區為南昌市郊區，下轄兩個街道、三個鎮、一個鄉，區人民政府駐站前街道。區境面積兩百五十一平方公里，人口八點四一萬。

區境內通行的方言稱「灣裡話」，與城區「南昌話」略有差異。

6. 南昌縣

下轄十一個鎮、七個鄉，縣人民政府駐蓮塘鎮。縣境面積一千八百三十九平方公里，人口一百〇八點九萬。

縣境內通行的方言稱「南昌縣話」，以縣城的「蓮塘話」為代表。南昌縣話屬於江西贛方言南昌片。方言以被縣境包圍的南昌市城區為界可分為南北兩片，位於南昌市城區以南的為南片，以北的為北片，南北兩片之間略有差異。縣境最南端三江鎮和黃馬鄉與豐城市相接，通行的方言與豐城方言接近，屬於江西贛方言宜春片，與縣境中心區域的方言存在較大差異。

7. 新建縣

下轄十二個鎮、七個鄉，縣人民政府駐長埮鎮。縣境面積兩千三百三十八平方公里，人口六十九點二萬。

縣境內主要通行的方言稱「新建話」，以與縣城緊鄰的望城鎮的「望城話」為代表。新建話屬於江西贛方言南昌片。縣境內方言以望城鎮為界可分為南北兩片：望城以南稱「上新建話」，通行區域包括松湖、石崗、厚田、西山和生米等鄉鎮；望城以北

稱「下新建話」，通行區域包括望城和樂化、樵舍、象山、大塘坪等鄉鎮。上新建話與下新建話之間略有差異。縣境西南部屬於上新建話片的松湖鎮和石崗鎮與高安市相接，縣境西北部屬於下新建話片的大塘坪、溪霞等鄉鎮與永修縣、安義縣相接，通行的方言分別與相鄰市縣毗連地區的方言接近而與縣境中心區域的方言存在一定的差異。

8. 安義縣

下轄七個鎮、三個鄉，縣人民政府駐龍津鎮。縣境面積六百五十六平方公里，人口二十五萬。

縣境內主要通行的方言稱「安義話」，以縣城話為代表。安義話屬於江西贛方言南昌片。縣境東部萬埠、長均、青湖三個鄉鎮通行的方言稱「萬埠話」，縣境南部石鼻、喬樂兩個鄉鎮通行的方言稱「石鼻話」，縣境西南部黃洲鎮通行的方言稱「黃洲話」，「萬埠話」「石鼻話」和「黃洲話」之間的一致性較高，而與縣城話存在一定的差異。

9. 進賢縣

下轄九個鎮、十二個鄉，縣人民政府駐明和鎮。縣境面積一千九百七十一平方公里，人口七十六萬。

縣境內主要通行的方言稱「進賢話」，以縣城話為代表。進賢話屬於江西贛方言撫州片。縣境南部李渡、長山晏和白圩三個鄉鎮與撫州市臨川區相接，縣境東南部衙前、下埠集、鐘陵三個鄉與東鄉縣相接，縣境西部前坊、架橋兩個鎮以及三陽集鄉的三陽等地與南昌縣相接，縣境北部梅莊和三里兩個鄉鎮與餘干縣相接，通行的方言分別與相鄰區縣毗連地區的方言接近而與縣境中

心區域的方言略有差異。

二、九江市方言概況

九江市下轄兩區、九縣，代管兩個縣級市，各區縣市概況和方言情況如下：

1. 潯陽區

潯陽區為九江市主城區，下轄七個街道。區人民政府駐甘棠街道。區境面積五十平方公里，人口三十五點一萬。

區境內通行的方言稱「九江話」。九江話系江西官話方言北片方言，屬於官話方言江淮官話片黃（岡）孝（感）小片。

2. 廬山區

廬山區下轄三個街道、七個鎮和一個鄉，區人民政府駐十里街道。區面積五百四十八平方公里，人口二十六點三萬。

區境內通行與主城區潯陽區相同的「九江話」。區境南部的海會鎮與星子縣相接，通行的方言與相臨縣毗連地區的方言接近而與城區話存在一定的差異。

3. 九江縣

下轄七個鎮、五個鄉，縣人民政府駐沙河街鎮。縣境面積九百一十一平方公里，人口三十四萬。

縣境內主要通行的方言稱「九江縣話」，以縣城話為代表。九江縣話系江西官話方言北片方言，屬於官話方言江淮官話片黃（岡）孝（感）小片。縣境東北部與九江市潯陽區、廬山區毗連的地區，通行的方言與九江市城區話接近；縣境西部、西北部湧泉鄉和新塘鄉的一部分以及城子鎮的一部分，通行的方言與相鄰

的瑞昌市毗連地區方言接近而與縣城話存在一定的差異。

4. 武寧縣

下轄八個鎮、十一個鄉，縣人民政府駐新寧鎮。縣境面積三千五百〇七平方公里，人口三十四點九萬。

縣境內主要通行的方言稱「武寧話」，以縣城話為代表。武寧話屬於江西贛方言南昌片。縣境東部羅坪、巾口兩個鄉鎮與永修縣相接，縣境北部橫路、大洞兩個鄉與湖北省通山縣相接，縣境西部船灘、東林、澧溪三個鎮與修水縣相接，縣境南部石門樓、羅溪、清江、石渡四個鄉鎮與修水縣相接，通行的方言分別與鄰縣毗連地區的方言接近而與縣境中心區域的方言略有差異。

縣境內宋溪、澧溪、楊洲等鄉鎮有部分村落通行由豫東南移民帶來的屬於官話方言的「河南話」，屬於官話方言中的中原官話；一些鄉鎮有部分村落通行銅鼓縣移民帶來的屬於客家方言「客籍話」的「銅鼓話」，屬於江西客家方言的贛西北片；少數鄉鎮中安置新安江水庫移民的村落通行屬於徽州方言的「淳安話」；羅坪鎮漾都村和新寧鎮團結村的新安江水庫移民中的畬族居民使用稱為「山客話」的畬話。

5. 修水縣

下轄十九個鎮、十七個鄉，縣人民政府駐義寧鎮。縣境面積四千五百〇四平方公里，人口七十六點七萬。

縣境內主要通行的方言稱「修水話」，以縣城話為代表。修水話屬於江西贛方言南昌片。縣境舊仁鄉、西鄉地區通行的「上邊聲」，舊奉鄉地區通行的「奉鄉聲」，舊泰鄉地區通行的「泰鄉聲」，各具特色而與縣境中心區域的方言略有差異。

縣境東南部黃港、黃沙等鄉鎮通行由廣東移民帶來的「懷遠話」，「懷遠話」系客家方言「客籍話」；縣境內散佈著一些通行由豫東南移民帶來的屬於官話方言的「河南話」的村落，屬於官話方言的中原官話片。

6. 永修縣

下轄十二個鎮、四個鄉，縣人民政府駐涂埠鎮。縣境面積二千○三十五平方公里，人口三十六點九五萬。

縣境內主要通行的方言稱「永修話」，以縣城話為代表。修水話屬於江西贛方言南昌片。縣境北部的方言與相鄰的德安縣方言接近，東部吳城鎮的「吳城話」與相鄰的新建縣方言接近，與縣境中心區域的方言存在一定的差異。

縣境西部特別是西北部的梅棠、三溪橋、燕坊、白槎、江上等鄉鎮有較多村落通行由豫東南移民帶來的屬於官話方言的「河南話」和由湖南長沙、寧鄉、益陽等地移民帶來的屬於湘方言的「湖南話」，「河南話」屬於官話方言的中原官話片，「湖南話」屬於湘方言中的長（沙）衡（陽）片；有少數村落通行由新安江水庫移民帶來的屬於徽州方言的「淳安話」。

7. 德安縣

下轄四個鎮、九個鄉，縣人民政府駐蒲亭鎮。縣境面積八百五十三平方公里，人口十五萬。

縣境內主要通行的方言稱「德安話」，以縣城話為代表。德安話屬於江西贛方言南昌片。縣境東部林泉鄉與九江縣相接，縣境西北部鄒橋鄉、現車橋鎮下轄的原白水街鄉地區和塘山鄉與瑞昌市相接，通行的方言分別與鄰縣市毗連地區的方言接近而與縣

境中心區域的方言存在一定的差異。

　　縣境西南部磨溪鄉和東部高塘鄉等鄉鎮有較多村落通行由豫東南移民帶來的屬於官話方言的「河南話」，屬於官話方言的中原官話片；有部分村落通行由新安江水庫移民帶來的屬於徽州方言的「淳安話」。

8. 星子縣

　　下轄七個鎮、三個鄉，縣人民政府駐南康鎮。縣境面積七百一十九平方公里，人口二十四點〇四萬。

　　縣境內主要通行的方言稱「星子話」，以縣城話為代表。星子話屬於江西贛方言南昌片。縣境內方言一致性較高，且受相鄰「九江話」的一些影響，縣境南鄉、北鄉之間方言略有差異。

9. 都昌縣

　　下轄十二個鎮、十二個鄉，縣人民政府駐都昌鎮。縣境面積兩千六百七十平方公里，人口七十三點九萬。

　　縣境內主要通行的方言稱「都昌話」，以縣城話為代表。都昌話屬於江西贛方言南昌片。縣境內方言東西差異較大，南北差異較小。縣境北部與湖口縣相接的春橋鄉，通行的方言與湖口方言接近而與縣境中心區域的方言略有差異，部分村落居民則操「湖口話」。

　　縣境東北部大港鎮的大田、碾子灣等村通行由豫東南移民帶來的屬於官話方言的「河南話」，屬於官話方言的中原官話片。

10. 湖口縣

　　下轄五個鎮、七個鄉，縣人民政府駐雙鐘鎮。縣境面積六百六十九平方公里，人口二十七點六七萬。

縣境內主要通行的方言稱「湖口話」，以縣城話為代表。湖口話屬於江西贛方言南昌片。縣境內南鄉、北鄉方言之間略有差異；四向與鄰縣相接的諸鄉，其方言受相鄰縣的影響而與縣境中心區域的方言略有差異。

縣境北部長江沿岸一帶由於居民多為湖北省黃岡地區移民和九江姑塘（今轄於九江市廬山區）移民，大部分村落通行屬於江淮官話的「黃岡話」和「九江話」，「九江話」為江西官話北片方言，與「黃岡話」同屬於官話方言江淮官話片黃（岡）孝（感）小片。

11. 彭澤縣

下轄十個鎮、三個鄉，縣人民政府駐龍城鎮。縣境面積一千四百四十一點七四平方公里，人口三十五萬。

縣境內主要通行的方言稱「彭澤話」，以縣城話為代表。彭澤話屬於江西贛方言鄱陽片。縣境東部俗稱「上鄉」的定山鎮、太平關鄉與湖口縣相接，縣境西部俗稱「下鄉」的東昇鎮、浩山鄉與安徽省東至縣相接，縣境南部楊梓鎮與鄱陽縣、都昌縣相接，通行的方言分別與鄰縣毗連地區的方言接近而與縣境中心區域的方言略有差異。

彭澤縣因其所處地理位置，方言受江淮官話影響較深。縣境內現龍城鎮下轄的原泉山鎮地區和定山鎮的紅光村，以及長江「二水中分」所形成江洲上的棉船鎮，通行的方言屬於官話方言的江淮官話片。

縣境南部的天紅、樂觀、楊梓三個鄉鎮有較多村落通行由豫東南移民帶來的屬於官話方言的「河南話」，屬於官話方言的中

原官話片。

12. 瑞昌市

下轄二個街道、八個鎮、八個鄉，市人民政府駐湓城街道。市境面積一千四百二十七平方公里，人口四十二萬。

市境內主要通行的方言稱「瑞昌話」，以城區話為代表。瑞昌話系江西官話方言北片方言，屬於官話方言江淮官話片黃（岡）孝（感）小片。縣境東北部與湖北武穴市毗連的地區，通行的方言與武穴方言接近而與市境中心區域的方言存在一定的差異。

市境西南部與武寧縣、德安縣相接的區域為贛方言區域，通行的方言分別與相鄰兩縣毗連地區的方言接近，都屬於江西贛方言南昌片。

13. 共青城市

下轄一個街道、兩個鎮、三個鄉，市人民政府駐茶山街道。市境面積一百七十平方公里，人口十萬。

共青城市於二〇一〇年經國務院批准設立，屬區原分別轄於德安、永修、星子三縣，境內方言比較複雜。茶山街道、甘露鎮和金湖鄉原屬德安縣，通行德安方言，其中金湖鄉與星子縣相接，甘露鎮與永修縣相接，通行的方言分別與鄰縣毗連地區的方言接近而與縣境中心區域的方言略有差異。江益鎮原屬永修縣，通行永修方言。蘇家鄉、澤泉鄉原屬星子縣，通行星子方言。

市境內有少數村落通行由豫東南移民帶來的屬於官話方言的「河南話」和由新安江水庫移民帶來的屬於徽州方言的「淳安話」，「河南話」屬於官話方言的中原官話片。

三、宜春市方言概況

宜春市下轄一區、六縣，代管三個縣級市，各區縣市概況和方言情況如下：

1. 袁州區

袁州區為宜春市主城區，下轄九個街道、十六個鎮、六個鄉，區人民政府駐靈泉街道。區境面積兩千五百三十二平方公里，人口一百零五萬。

區境內主要通行的方言稱「宜春話」，以城區話為代表。宜春話屬於江西贛方言宜春片。區境內方言一致性較高。區境東北部的彬江鎮、蘆村鎮、柏木鄉、寨下鎮，北部的三陽鎮、洪塘鎮、金瑞鎮、楠木鄉，西北部的天台鎮、水江鄉、慈化鎮，中部偏南的邊市鄉、西村鎮、竹亭鄉、溫湯鎮、南廟鎮、新坊鎮、洪江鄉，通行的方言各具特色而與袁州城區的方言略有差異。

2. 奉新縣

下轄十個鎮、五個鄉，縣人民政府駐馮川鎮。縣境面積一千六百四十二平方公里，人口三十點五萬。

縣境內主要通行的方言稱「奉新話」，以縣城話為代表。奉新話屬於江西贛方言宜春片。縣境內方言一致性較高。縣境東北部干洲鎮、宋埠鎮與靖安縣、安義縣相接，南部上富鎮與宜豐縣相接，通行的方言分別與鄰縣毗連地區的方言接近而與縣境中心區域的方言略有差異。

縣境西部和西北部一些鄉鎮還散佈通行江西客家方言「客籍話」的村落，屬於江西客家方言贛西北片。

3. 萬載縣

下轄一個街道、九個鎮、七個鄉，縣人民政府駐康樂街道。縣境面積一千七百一十九點一六平方公里，人口五十一萬。

縣境內主要通行的方言稱「萬載話」，以縣城話為代表。萬載話屬於江西贛方言宜春片。縣境西南部黃茅鎮、株潭鎮以及潭埠鎮的部分區域通行的方言與縣境中心區域的方言之間存在一定的差異。縣境東北部羅城鎮和三興鎮的部分村分別與宜豐縣、上高縣相接，通行的方言與鄰縣毗連地區的方言接近而與縣境中心區域的方言略有差異。

縣境內的西坑、官元山、仙源、赤興、白水、潭埠等鄉鎮的大部分村及雙橋、菱湖、高村、嶺東等地通行客家方言「客籍話」，屬於江西客家方言贛西北片。

4. 上高縣

下轄一個街道、七個鎮、六個鄉、兩個林場，縣人民政府駐敖陽街道。縣境面積一千三百五十點二六平方公里，人口三十五萬。

縣境內主要通行的方言稱「上高話」，以縣城話「敖陽話」為代表。上高話屬於江西贛方言宜春片。縣境東部的泗溪鎮、新界埠鄉和野市鄉的部分地區通行的方言稱「泗溪話」，縣境南部南港鎮、蒙山林場通行的方言稱「南港話」，縣境南部的蒙山鄉通行的方言稱「蒙山話」，縣境西部田心鎮、鎮渡鄉、徐家渡鎮和墨山林場通行的方言稱「田心話」，各具特色而與縣城「敖陽話」存在一定的差異。

5.宜豐縣

下轄八個鎮、四個鄉，縣人民政府駐新昌鎮。縣境面積一千九百三十四點一一平方公里，人口二十八萬。

縣境內主要通行的方言稱「宜豐話」，以縣城話為代表。宜豐話屬於江西贛方言宜春片。縣境西南部的石市鎮與上高縣相接，東北部的花橋鄉、同安鄉、潭山鎮與奉新縣相接，東南部棠浦鎮、澄塘鄉與上高縣相接，通行的方言分別與鄰縣市毗連地區的方言接近而與縣境中心區域的方言略有差異。

縣境內西部和北部的黃崗、雙峰、車上、潭山等鄉鎮一帶還通行客家方言「客籍話」，屬於江西客家方言贛西北片。

6.靖安縣

下轄五個鎮、六個鄉，縣人民政府駐雙溪鎮。縣境面積一百三十七點四九平方公里，人口十四點三萬。

縣境內主要通行的方言稱「靖安話」，以縣城話為代表。靖安話屬於江西贛方言宜春片。縣境東部北河流域的寶峰鎮、仁首鎮的大部分區域和香田鄉的部分區域，通行的方言與縣境中心區域的方言存在一定的差異（尤其是聲調）。

縣境內鐵門壋以北的山區包括璪都鎮以及現羅灣鄉下轄的原官莊鄉等地通行客家方言「客籍話」，屬於江西客家方言贛西北片。

7.銅鼓縣

下轄六個鎮、三個鄉、四個林場，縣人民政府駐永寧鎮。縣境面積一千五百四十七點七平方公里，人口十四萬。

縣境內包括縣城在內的大部分區域通行的方言稱「銅鼓

話」，以縣城話為代表。銅鼓話係閩西、粵東北移民入遷形成的客家方言「客籍話」，屬於江西客家方言贛西北片。銅鼓話主要通行於縣內的永寧鎮、溫泉鎮、排埠鎮和三都鎮，內部一致性較強。

縣境北部帶溪、港口、棋坪、高橋等鄉鎮通行贛方言，屬於江西贛方言南昌片。縣境內贛方言區域東部的「原武鄉」地區（包括帶溪鄉、大塅鎮、茶山林場、龍門林場）與西部的「原崇鄉」地區（包括棋坪鎮、港口鄉、高橋鄉、大溈山林場、花山林場）通行的方言之間略有差異。

8. 豐城市

下轄五個街道、二十個鎮、七個鄉，市人民政府駐劍光街道。市境面積兩千八百四十五點〇七平方公里，人口一百三十六萬。

市境內主要通行的方言稱「豐城話」，以城區話為代表。豐城話屬於江西贛方言宜春片。市境分別與南昌縣、進賢縣、撫州市臨川區、崇仁縣、新幹縣、樟樹市、高安市相接，四向諸鄉的邊遠區域所通行的方言分別與鄰縣市區毗連地區的方言接近而與市境中心區域的方言略有差異。

9. 樟樹市

下轄五個街道、十個鎮、四個鄉，市人民政府駐淦陽街道。市境面積一千兩百九十點九九平方公里，人口六十萬。

市境內主要通行的方言稱「樟樹話」，以城區話為代表。樟樹話屬於江西贛方言宜春片。縣境內方言一致性較高。市境分別與高安市、豐城市、新幹縣和新余市渝水區相接，四向諸鄉的邊

遠區域所通行的方言與鄰縣市區毗連地區的方言接近而與市境中心區域的方言略有差異。

10. 高安市

下轄兩個街道、二十個鎮，市人民政府駐瑞州街道。市境面積兩千四百三十九點三三平方公里，人口八十六萬。

市境內通行的方言以荷嶺鎮——上湖鄉一線為界可以分為兩片，以北（含荷嶺、上湖）為北片，以南為南片。北片以高安市城區的「高安話」為代表，南片以八景鎮的「八景話」為代表。南北兩片方言之間存在較大差異。北片方言屬於江西贛方言南昌片；南片方言與樟樹方言接近，屬於江西贛方言宜春片。

市境南部的相城鎮有部分村落通行由豫東南移民帶來的屬於官話方言的「河南話」，屬於官話方言的中原官話片。縣境西北部的華林風景區的若干村落與奉新縣、宜豐縣相接，通行江西客家方言「客籍話」，屬於江西客家方言贛西北片。

四、新余市方言概況

新余市下轄一區、一縣，各區縣概況和方言情況如下：

1. 渝水區

渝水區為新余市主城區，下轄三個街道、十個鎮、六個鄉，區人民政府駐城南街道。區境面積一千七百七十五平方公里，人口八十萬。

區境內主要通行的方言稱「新余話」，以城區話為代表。新余話屬於江西贛方言宜春片。區境北部的水北、人和、鵠山、馬洪、北崗、下村、觀巢、歐里等地與區境東部的新溪、南安、姚

圩、羅坊、南英、東邊等地通行的方言各具特色，而與區境中心通行的方言略有差異。

2. 分宜縣

下轄六個鎮、四個鄉、一個林場，縣人民政府駐分宜鎮。縣境面積一千三百八十九平方公里，人口三十二萬。

縣境內主要通行的方言稱「分宜話」，以縣城話為代表。分宜話屬於江西贛方言宜春片。縣境內方言以袁河為界可分為南北兩片，兩片之間方言略有差異。縣境南部現鈴山鎮下轄的原松山鎮南部地區與安福縣相接，東部洞村鄉和現鈴山鎮下轄的原苑坑鄉地區與新余市渝水區相接，北部高嵐鄉和操場鄉與上高縣相接，西部分宜鎮的角元、蘆塘一帶與宜春市袁州區相接，通行的方言分別與相鄰的縣區方言接近而與縣境中心區域的方言存在一定差異。

五、萍鄉市方言概況

萍鄉市下轄兩區、三縣，各區縣概況和方言情況如下：

1. 安源區

安源區為萍鄉市主城區，下轄六個街道、四個鎮，區人民政府駐鳳凰街道。區境面積一百九十八平方公里，人口四十萬。

區境內主要通行的方言稱「萍鄉話」，以城區的「城關話」為代表。萍鄉話屬於江西贛方言宜春片。區境內方言一致性較高。

2. 湘東區

下轄一個街道、八個鎮、兩個鄉，區人民政府駐山口街道。

區境面積八百五十八平方公里，人口三十九萬。

　　區境內通行與萍鄉市主城區安源區相同的「萍鄉話」。區境西部老關鎮、西南部東橋鎮、廣寒寨鄉與湖南省醴陵市、攸縣相接，通行的方言與相鄰湖南省境毗連地區的方言接近而與區境中心區域的方言存在一定差異。

3. 上栗縣

　　下轄六個鎮、三個鄉、一個墾殖場，縣人民政府駐上栗鎮。縣境面積七百二十一點一一平方公里，人口四十七點六萬。

　　縣境內主要通行的方言稱為「上栗話」，以縣城話為代表。上栗話屬於江西贛方言宜春片。縣境南部長平鄉、福田鎮、赤山鎮、東源鄉與萍鄉市安源區相接，東北部桐木鎮與宜春市袁州區相接，通行的方言與相鄰區縣毗連地區的方言接近而與縣境中心區域的方言存在一定差異。

4. 蓮花縣

　　下轄五個鎮、八個鄉、一個墾殖場，縣人民政府駐琴亭鎮。縣境面積一千〇六十二平方公里，人口二十六萬。

　　縣境內主要通行的方言稱為「蓮花話」，以縣城話為代表。蓮花話屬於江西贛方言吉安片。縣境西北部原屬安福縣管轄的上西地區（今路口鎮、湖上鄉、閃石鄉）與安福縣相接，西南部原屬永新縣管轄的礱西地區（今良坊鎮至三板橋鄉的狹長區域）和東南部三板橋鄉與永新縣相接，通行的方言與相鄰安福縣、永新縣毗連地區的方言接近而與縣境中心區域的方言存在一定差異。

　　縣境內部分鄉鎮還散佈通行江西客家方言「客籍話」的村落。

5. 蘆溪縣

下轄五個鎮、四個鄉，縣人民政府駐蘆溪鎮。縣境面積九百六十平方公里，人口二十七點六萬。

縣境內主要通行的方言稱「蘆溪話」，以縣城話為代表。蘆溪話屬於江西贛方言吉安片。縣境內明清時期曾發生大規模的來自閩西、粵東的「棚民」入境墾殖的移民活動，「棚民」帶來的客家方言對蘆溪方言產生了較大影響。

縣境內方言可以分為四片：縣境西北部蘆溪片，包括縣城蘆溪鎮、源南鄉、上埠鎮東部、華雲鄉北部；縣境東北部宣風片，包括宣風鎮、銀河鎮、萬龍山鄉；縣境東南部大安片，包括新泉鄉、張佳坊鄉、華雲鄉中部和北部；縣境西南部萍南片，包括南坑鎮、長豐鄉、上埠鎮西部。[144]四片方言之間存在一定差異。

六、上饒市方言概況

上饒市下轄一區、十縣，代管一個縣級市，各區縣市概況和方言情況如下：

1. 信州區

信州區為上饒市主城區，轄六個街道、一個鎮、兩個鄉，區人民政府駐茅家嶺街道。區境面積三百三十九平方公里，人口三十七點二萬。

---

144 參見劉綸鑫：《蘆溪方言研究》，中國社會科學出版社 2008 年版，第 2-3 頁。

　　區境內城區主要通行的方言稱「上饒話」，又稱「街話」（以與郊區和上饒縣的方言相區別）。上饒話系江西吳方言西片，屬於吳方言處衢（處州、衢州）片。郊區靈溪街道、沙溪鎮、秦峰鄉、朝陽鄉的方言與相鄰玉山縣、廣豐縣的方言接近而與城區的方言有差異。

　　城區北部「鐵路地區」（包括舊上饒火車站站區及鐵路人員生活區「鐵路新村」）通行「上饒鐵路話」，上饒鐵路話屬於浙江口音的官話。

　　郊區茅家嶺街道的部分村落通行「福建話」，「福建話」屬於閩方言閩南片。

2. 上饒縣

　　下轄兩個街道、十一個鎮、十個鄉，縣人民政府駐旭日街道。縣境面積兩千兩百四十平方公里，人口七十一點五七萬。

　　縣境內主要通行的方言稱「上饒縣話」，以縣城話為代表。上饒縣話系江西吳方言西片，屬於吳方言處衢（處州、衢州）片。縣境東北部的煌固鎮，北部的鄭坊鎮、望仙鄉和華壇山鎮，東南部的花廳鎮、田墩鎮，南部的上瀘鎮、四十八鎮、應家鄉和鐵山鄉，通行的方言各具特色而與縣境中心區域的方言存在一定差異。

　　縣境內相當部分鄉鎮散佈通行「福建話」「麻山話」「南豐話」「汀州話」「廣東話」的村落。「福建話」屬於閩方言閩南片；「麻山話」「南豐話」屬於江西贛方言撫州片；「汀州話」屬於客家方言汀州片，「廣東話」屬於客家方言粵台片嘉應小片，系江西客家方言「客籍話」。縣境南部鐵山鄉小溪村通行由閩北遷入的

畬族移民帶來的「官話」。[145]

3. 廣豐縣

下轄三個街道、十六個鎮、四個鄉，縣人民政府駐永豐街道。縣境面積一千三百七十七平方公里，人口八十點一萬。

縣境內主要通行的方言稱「廣豐話」，以縣城話為代表。廣豐話系江西吳方言東南片，屬於吳方言處衢（處州、衢州）片。縣境西鄉、西北鄉、北鄉與上饒市信州區、玉山縣毗連的部分地區，通行的方言與相鄰區、縣方言接近而與縣境中心區域的方言略有差異。縣境東部的東陽鄉，古屬須江縣（今浙江省江山市），至今仍通行「江山話」。

縣境內部分鄉鎮還散佈通行「福建話」「麻山話」「南豐話」的村落。「福建話」屬於閩方言閩南片，「麻山話」「南豐話」屬於江西贛方言撫州片。縣境內有少數村落通行「官話」，「官話」的源流分佈和語言特點、方言片屬情況待考。

4. 玉山縣

下轄十一個鎮、六個鄉，縣人民政府駐冰溪鎮。縣境面積一千七百二十三平方公里，人口五十六點三一萬。

縣境內主要通行的方言稱「玉山話」，以縣城話為代表。玉山話系江西吳方言東北片，屬於吳方言處衢（處州、衢州）片。縣境西南部的仙岩鎮、下鎮鎮和現六都鎮下轄的原群力鄉地區通

---

145 參見胡松柏、林芝雅：《江西上饒小溪畬族雙語制下語言替換歷程的考察》，《雙語雙方言（八）》，漢學出版社 2005 年版。

行的「上角腔」，縣境南部的下塘鄉和文成鎮的珠湖、王山、毛塘等村通行的「底角腔」，以及縣境西部南山鄉、童坊鄉、樟村鎮和臨湖鎮通行的「西鄉腔」，各具特色而與縣境中心區域的方言略有差異。縣境西南部現仙岩鎮下轄的原官溪鄉地區，以及下鎮鎮的生薑村等地，古屬須江縣（今浙江省江山市），至今仍舊通行「江山話」。

縣境內部分鄉鎮還散佈通行「福建話」「南豐話」「徽州腔」的村落。「福建話」屬於閩方言閩南片，「南豐話」屬於江西贛方言撫州片，「徽州腔」的語言性質和方言片屬情況待考。

現童坊鎮下轄的原懷玉鄉地區通行「懷玉山官話」，懷玉山官話屬於官話方言，具體語言性質和方言片屬情況待考。

5. 鉛山縣

下轄七個鎮、十個鄉，縣人民政府駐河口鎮。縣境面積兩千一百七十八平方公里，人口四十二萬。

縣境內主要通行的方言稱「鉛山話」，以河口鎮以南的舊縣城永平鎮的「永平話」為代表。鉛山話屬於江西贛方言鄱陽片。縣境北部新灘鄉通行的「新灘話」與鄰縣橫峰的方言接近而與縣境中心區域的方言存在一定差異。

縣境東部現鵝湖鎮下轄的原傍羅鄉、清溪鎮地區通行的「傍羅話」「清溪話」與相鄰上饒縣的方言接近，屬於吳方言處衢（處州、衢州）片。縣境南部的一些鄉鎮還散佈通行「福建話」的村落，「福建話」屬於閩方言閩南片。縣境西南部太源畬族鄉通行畬民自稱為「山客話」、學術界稱為「畬話」的畬族語言，有學者認為「畬話」屬於漢語客家方言的一支。

縣境內部分鄉鎮有少數安置新安江水庫移民的浙江移民村通行「淳安話」，「淳安話」屬於徽州方言。

6. 橫峰縣

下轄兩個鎮、六個鄉，縣人民政府駐岑陽鎮。縣境面積六百五十五平方公里，人口二十點八七萬。

縣境內主要通行的方言稱「橫峰話」，以縣城話為代表。橫峰話屬於江西贛方言鄱陽片。

縣境內岑陽、姚家、港邊、龍門畈等鄉鎮散佈通行「福建話」「麻山話」「南豐話」的村落，葛源、龍門畈兩鄉鎮還散佈通行「廣東話」的村落。「福建話」屬於閩方言閩南片，「麻山話」「南豐話」屬於江西贛方言撫州片，「廣東話」屬於客家方言粵台片嘉應小片。

縣境北部與德興市（方言屬於徽州方言）和上饒縣（方言屬於吳方言）相毗連的葛源鎮通行的「葛源話」，兼具贛方言、吳方言、徽州方言的特點，語言系統較複雜，與縣城話差異較大。[146]

7. 弋陽縣

下轄一個街道、九個鎮、五個鄉，縣人民政府駐桃源街道。縣境面積一千五百九十三平方公里，人口三十六點七萬。

縣境內主要通行的方言稱「弋陽話」，以縣城話為代表。弋

146 參見胡松柏：《贛、吳、徽語交接地帶橫峰葛源話的特點和性質》，《上饒師範學院學報》，2008 年第 4 期。

陽話屬於江西贛方言鄱陽片。縣境西北部曹溪鎮（包括原三縣嶺鄉）的部分地區通行的「曹溪話」與相鄰樂平市的方言接近，縣境東南部疊山鎮的大部分地區和朱坑鎮的小部分地區通行的方言與相鄰鉛山縣的方言接近，縣境西部港口鎮、圭峰鎮、清湖鄉部分地區通行的方言與相鄰的貴溪市方言接近，都與縣境中心區域的方言略有差異。

縣境少數鄉鎮散佈通行「福建話」的村落，「福建話」屬於閩方言閩南片。

縣境西北部現曹溪鎮下轄的原三縣嶺鄉地區主要通行的「三縣嶺話」，系由三縣嶺墾殖場居民社區語言雜處而形成，屬於浙江口音的官話。[147]

8. 餘干縣

下轄六個鎮、十四個鄉，縣人民政府駐玉亭鎮。縣境面積兩千三百三十點七七平方公里，人口八十九點五萬。

縣境內主要通行的方言稱「餘干話」，以縣城話為代表。餘干話屬於江西贛方言鄱陽片。縣境與萬年縣、新建縣、南昌縣、進賢縣、餘江縣、東鄉縣、鄱陽縣、都昌縣相接，四鄉邊遠區域通行的方言分別與鄰縣毗連地區的方言接近而與縣境中心區域的方言略有差異。

---

147 參見胡松柏：《江西弋陽「三縣嶺話」多方言融合和雙方言制考察》，《雙語雙方言（十）》，海天出版社 2011 年版；《「上饒鐵路話」和「弋陽三縣嶺話」：贛東北兩處浙江官話方言島的比較考察》，第七屆中國社會語言學國際學術研討會，西寧，2010 年。

9. 萬年縣

下轄六個鎮、六個鄉，縣人民政府駐陳營鎮。縣境面積一千一百四十點七六平方公里，人口三十七點九萬。

縣境內主要通行的方言稱「萬年話」，以縣城的「陳營話」為代表。萬年話屬於江西贛方言鄱陽片。縣境內方言一致性較高。縣境北部石鎮鎮和梓埠鎮通行的「石鎮話」與縣城話差別較大，縣境西部汪家鄉、齊埠鄉和青雲鎮部分地區所通行的「青雲話」與縣城話也存在一定差異。

10. 鄱陽縣

下轄十四個鎮、十五個鄉，縣人民政府駐鄱陽鎮。縣境面積四千兩百一十五平方公里，人口一百四十六萬。

縣境內主要通行的方言稱「鄱陽話」，以縣城話為代表。鄱陽話屬於江西贛方言鄱陽片。縣境內方言以景湖公路（景德鎮──湖口）為界可分為南北兩片，南北兩片方言之間有一定差異。南片方言又可劃分為東、南、西三片，之間略有差異，其中南片以縣城為中心，東片以凰崗鎮為中心，西片以蓮湖鄉為中心。

縣境北部響水灘、謝家灘、石門街、侯家崗等鄉鎮有較多村落通行由豫東南移民帶來的屬於官話方言的「河南話」。

11. 婺源縣

下轄一個街道、十個鎮、六個鄉，縣人民政府駐蚺城街道。縣境面積兩千九百四十七點五一平方公里，人口三十三點七萬。

縣境內主要通行的方言稱「婺源話」，以縣城話為代表。婺源話系江西徽州方言中片，屬於徽州方言休黟（休寧、黟縣）

片。縣境東、南、西、北四鄉通行的方言之間存在差異，其中北鄉話（以清華鎮的方言為代表）與東鄉話（以江灣鎮的方言為代表）較為接近，合稱「上路話」，西鄉話（以許村鎮的方言為代表）和南鄉話（以中雲鎮的方言為代表）較為接近，合稱「下路話」。上路話與下路話之間差異較大。

12. 德興市

下轄一個街道、六個鎮、五個鄉，市人民政府駐銀城街道。市境面積兩千一百〇一平方公里，人口三十一點八三萬。

市境內主要通行的方言稱「德興話」，以城區話為代表。德興話系江西徽州方言南片，屬於徽州方言祁德（祁門、德興）片。市境東北部的海口鎮和現新崗山鎮下轄的原新建鄉和占才鄉地區，東南部的畈大鄉、李宅鄉，西南部的黃柏鄉、張村鄉、萬村鄉，所通行的方言各具特色而與市境中心區域的方言略有差異。

市境東南部龍頭山、畈大兩鄉的部分地區通行「玉山話」，西南部現繞二鎮下轄的舊重溪鄉地區通行的「重溪話」與相鄰上饒縣的「北鄉話」接近，玉山話和上饒北鄉話都屬於吳方言處衢（處州、衢州）片。

市境西南部繞二鎮、花橋鎮部分地區散佈通行「廣東話」的村落，「廣東話」屬於客家方言粵台片嘉應小片；黃柏鄉部分地區散佈通行「福建話」的村落，「福建話」屬於閩方言閩南片。市境內部分鄉鎮有少數安置新安江水庫移民的浙江移民村通行「淳安話」，「淳安話」屬於徽州方言。

七、景德鎮市方言概況

景德鎮市下轄兩區、一縣，代管一個縣級市，各區縣市概況和方言情況如下：

1. 珠山區

珠山區為景德鎮市主城區，下轄九個街道，區人民政府駐石獅埠街道。區境面積三十九點九平方公里，人口二十七點三萬。

區境內通行的方言稱「景德鎮話」，即城區話，又稱「鎮上話」。景德鎮話屬江西贛方言鄱陽片。區境內方言一致性較高。

2. 昌江區

昌江區為景德鎮市郊區，下轄一個街道、兩個鄉、兩個鎮、一個墾殖場，區人民政府駐西郊街道。區境面積四百三十二平方公里，人口十六萬。

區境內通行與主城區珠山區一致的「景德鎮話」。區境內近郊呂蒙鎮、競成鎮通行城區話，區境西部、南部的麗陽鎮、鯰魚山鎮原屬鄱陽縣管轄，通行的方言接近鄱陽縣毗連地區的方言而與城區話有一定差異。

3. 浮梁縣

下轄九個鎮、八個鄉，縣人民政府駐浮梁鎮。縣境面積兩千八百六十七平方公里，人口二十五點九萬。

縣境內主要通行的方言稱「浮梁話」，以舊縣城（今浮梁鎮舊城村）的「舊城話」為代表。浮梁話屬於徽州方言中的祁德（祁門、德興）片。縣境內四向諸鄉所通行的方言均略有差異，其中以經公橋鎮的「經公橋話」為代表的北鄉話和以鵝湖鎮的

「鵝湖話」為代表的東鄉話與舊城話的差異較大。縣境南部洪源鎮、湘湖鎮、壽安鎮的部分區域，通行的方言受景德鎮市區的景德鎮話較大影響，有逐漸蛻變為贛方言的趨勢。二十世紀八〇年代恢復設置浮梁縣以後新建的浮梁縣城浮梁鎮城區，通行景德鎮市區的「鎮上話」。

4. 樂平市

下轄兩個街道、十四個鎮、兩個鄉，市人民政府駐洎陽街道。市境面積一千九百七十三平方公里，人口八十點三萬。

市境內主要通行的方言稱「樂平話」，以城區話為代表。樂平話屬於江西贛方言鄱陽片。市境內方言有南鄉、北鄉之別。樂安河橫貫市境中部，上游區域的「上樂平話」和下游區域的「下樂平話」也有差異。市境南部洞田鄉等地與萬年縣相接，通行的方言與臨縣毗連地區的方言接近而與市境中心區域的方言有一定差異。與婺源縣、德興市相接的北鄉湧山、洪岩等鄉鎮和「上樂平」地區的洺口、十里港、眾埠、鸕鷀等鄉鎮通行的方言，受相鄰徽州方言影響與城區話差異較大。

八、鷹潭市方言概況

鷹潭市下轄一區、一縣，代管一個縣級市，各區縣市概況和方言情況如下：

1. 月湖區

月湖區為鷹潭市城區，下轄六個街道、一個鎮、一個鄉，區人民政府駐江邊街道。區境面積一百三十七平方公里，人口十九點六萬。

區境內主要通行的方言稱「鷹潭話」，以城區話為代表。鷹潭話屬於江西贛方言鄱陽片。月湖區轄境舊屬貴溪縣管轄，故方言與貴溪方言接近。區境內方言一致性較高。

2. 餘江縣

下轄六個鎮、五個鄉，縣人民政府駐鄧埠鎮。縣境面積九百三十六點九三平方公里，人口三十五點五萬。

縣境內主要通行的方言稱「餘江話」，以縣城的「鄧埠話」為代表。餘江話屬江西贛方言鄱陽片。縣境內方言可以分為南北兩片：中童鎮南部、平定鄉北部、春濤鄉南部一線以北地區通行的北片方言以舊縣城錦江鎮的「錦江話」為代表，與包括縣城在內的南部縣境通行的南片方言存在一定差異。

3. 貴溪市

下轄三個街道、十四個鎮、六個鄉，市人民政府駐花園街道。市境面積兩千四百八十平方公里，人口五十六點三萬。

市境內主要通行的方言稱「貴溪話」，以城區話為代表。貴溪話屬江西贛方言鄱陽片。市境內方言一致性較高，市境西南部文坊鎮和現樟坪畬族鄉下轄的原雙圳鄉地區所通行的方言與城區話略有差異。

縣境東南部的樟坪畬族鄉通行畬民自稱為「山客話」、學術界稱為「畬話」的畬族語言。

九、撫州市方言概況

撫州市下轄一區、十縣，各區縣概況和方言情況如下：

1. 臨川區

臨川區為撫州市城區，下轄七個街道、十八個鎮、九個鄉，區人民政府駐青雲街道。區境面積兩千一百二十一平方公里，人口一百〇六點九萬。

區境內通行的主要方言稱「臨川話」，以城區話為代表。臨川話屬於江西贛方言撫州片。區境內方言一致性較強。

2. 南城縣

下轄九個鎮、三個鄉，縣人民政府駐建昌鎮。縣境面積一千六百九十七點九七平方公里，人口三十點七萬。

縣境內主要通行的方言稱「南城話」，以縣城話為代表。南城話屬於江西贛方言撫州片。縣境內方言一致性較高，四鄉方言與縣城話略有差異。

3. 黎川縣

下轄六個鎮、八個鄉、一個墾殖場，縣人民政府駐日峰鎮。縣境面積一千七百三十六點七三平方公里，人口二十四點三萬。

縣境內主要通行的方言稱「黎川話」，以縣城話為代表。黎川話屬於江西贛方言撫州片。縣境內方言一致性較高，四鄉方言與縣城話略有差異。

4. 南豐縣

下轄七個鎮、五個鄉，縣人民政府駐琴城鎮。縣境面積一千九百〇九點二八平方公里，人口二十七點六萬。

縣境內主要通行的方言稱「南豐話」，以縣城話為代表。南豐話屬於江西贛方言撫州片。縣境東部東坪鄉和太源鄉陸家村等地與黎川縣相接，東南部傅坊鄉與福建省建寧縣相接，東南部傅

坊鄉的石咀等地和西南部現紫霄鎮下轄的原恰村鄉地區與廣昌縣相接，西南部現紫霄鎮下轄的原西溪鄉地區與寧都縣相接，西部市山鎮的操坊和熊坊等地與宜黃縣相接，北部洽灣鎮的西坪、長嶺等地與南城縣相接，通行的方言分別與鄰縣毗連地區的方言接近而與縣境中心區域的方言略有差異。

5. 樂安縣

下轄九個鎮、六個鄉，縣人民政府駐鰲溪鎮。縣境面積兩千四百一十二點五九平方公里，人口三十六點五萬。

縣境內主要通行的方言稱「樂安話」，以縣城話為代表。樂安話屬於江西贛方言撫州片。縣境北部山碭鎮與豐城市相接，西北部戴坊鎮、龔坊鎮、湖溪鄉與新幹縣相接，西南部萬崇鎮、牛田鎮、羅陂鄉和湖坪鄉與永豐縣相接，南部招攜鎮、金竹畬族鄉與寧都縣相接，通行的方言分別與鄰縣市毗連地區的方言接近而與縣境中心區域的方言略有差異。

6. 金溪縣

下轄八個鎮、五個鄉，縣人民政府駐秀谷鎮。縣境面積一千三百五十八平方公里，人口二十八萬。

縣境內主要通行的方言稱「金溪話」，以縣城話為代表。金溪話屬於江西贛方言撫州片。縣境內方言一致性較高，縣境南部石門鄉和西南部琅琚鎮與南城縣、撫州市臨川區相接，通行的方言分別與鄰縣區毗連地區的方言接近而與縣境中心區域的方言略有差異。

7. 東鄉縣

下轄九個鎮、四個鄉，縣人民政府駐孝崗鎮。縣境面積一千

兩百七十平方公里，人口四十二點六萬。

　　縣境內主要通行的方言稱「東鄉話」，以縣城話為代表。東鄉話屬於江西贛方言撫州片。縣境東南部黎圩鎮、虎圩鄉和瑤圩鄉與金溪縣相接，東部王橋鎮的倪家、連塘等地與餘江縣相接，西部鄧家鄉的牛頭灣附近地區和詹圩鎮蔭嶺以北的少數村與進賢縣相接，通行的方言分別與鄰縣毗連地區的方言接近而與縣境中心區域的方言略有差異。

8. 廣昌縣

　　下轄五個鎮、六個鄉，縣人民政府駐旴江鎮。縣境面積一千六百一十二平方公里，人口二十三點三萬。

　　縣境內主要通行的方言稱「廣昌話」，以縣城話為代表。廣昌話屬於江西贛方言撫州片。縣境北部甘竹鎮、千善鄉與南豐縣相接，通行的方言與鄰縣毗連地區的方言接近而與縣境中心區域的方言略有差異。縣境西北部現旴江鎮下轄的原苦竹鎮地區是近代興起的工礦區，外來人口眾多，方言情況複雜。

　　縣境南部和西部分別與石城、寧都兩縣相接的驛前鎮、頭陂鎮通行江西客家方言「寧石話」。

　　縣境東部水南圩鄉、長橋鄉、尖峰鄉、塘坊鄉散佈著通行「福建話」的村落，「福建話」屬於閩方言閩南片。

9. 資溪縣

　　下轄五個鎮、兩個鄉，縣人民政府駐鶴城鎮。縣境面積一千兩百五十一平方公里，人口十點九萬。

　　縣境內主要通行的方言稱「資溪話」，以縣城話為代表。資溪話屬於江西贛方言撫州片。縣境南部的烏石鎮和東北部的馬頭

山鎮，通行的方言各具特色而與縣境中心區域的方言略有差異。

縣境內有部分安置新安江水庫移民的村落，分別通行屬於徽州方言的「淳安話」和屬於吳方言的「麗水話」。

10. 宜黃縣

下轄六個鎮、六個鄉、兩個墾殖場，縣人民政府駐鳳岡鎮。縣境面積一千九百四十四點二平方公里，人口二十一點四萬。

縣境內主要通行的方言稱「宜黃話」，以縣城話為代表。宜黃話屬於江西贛方言撫州片。縣境北部的桃陂鄉、梨溪鎮、南源鄉以及現鳳岡鎮下轄的原潭坊鄉地區，通行的方言與縣境中心區域的方言略有差異。縣境南端新豐鄉與寧都縣相接，通行的方言受寧都方言影響而與縣境中心區域的方言存在較大差異。

11. 崇仁縣

下轄七個鎮、八個鄉，縣人民政府駐巴山鎮。縣境面積一千五百二十平方公里，人口三十二點六萬。

縣境內主要通行的方言稱「崇仁話」，以縣城話為代表。崇仁話屬於江西贛方言撫州片。縣境與撫州市臨川區、宜黃縣、樂安縣、豐城市相接，四向諸鄉的邊遠區域通行的方言分別與相鄰區縣市毗連地區的方言接近而與縣境中心區域的方言存在一定的差異。

十、吉安市方言概況

吉安市下轄兩區、十縣，代管一個縣級市，各區縣市概況和方言情況如下：

1. 吉州區

吉州區為吉安市主城區，下轄六個街道、四個鎮、一個鄉，區人民政府駐古南街道。區境面積四百二十五平方公里，人口三十二萬。

區境內主要通行的方言稱「吉安話」，以城區話為代表。吉安話屬於江西贛方言吉安片。區境內方言一致性較高。

2. 青原區

青原區轄區包括吉安市城區一部和郊區，下轄一個街道、六個鎮、一個民族鄉，區人民政府駐河東街道。區境面積九百一十四點六平方公里，人口二十一萬。

區境內通行與吉安市主城區相同的「吉安話」。區境南部文陂、富田、值夏、新圩、東固等鄉鎮原屬吉安縣管轄，通行的方言與吉安縣方言接近而與區境中心區域方言存在一定差異。區境北部的富灘鎮原屬吉水縣管轄，通行的方言與吉水縣相接近而與區境中心區域方言存在一定差異。

值夏、東固兩個鄉鎮有少數通行客家方言「客籍話」的村落，主要分佈在人口稀少的山區。其中東固畬族鄉還有幾個村子的畬族居民使用與當地贛方言和客家方言有較大差別的畬族語言。

3. 吉安縣

下轄十二個鎮、七個鄉，縣人民政府駐敦厚鎮。縣境面積兩千一百一十七平方公里，人口四十三點七五萬。

縣境內主要通行的方言稱「吉安縣話」，以縣城話為代表。吉安縣話屬於江西贛方言吉安片。縣境北部以萬福鎮為代表的地

區，縣境西部以永陽鎮為代表的地區，通行的方言各具特色而與縣境中心區域的方言略有差異。

縣境西南部的幾個鄉鎮散佈著一些通行客家方言的村落。

4. 吉水縣

下轄十五個鎮、三個鄉，縣人民政府駐文峰鎮。縣境面積兩千五百〇九點七三平方公里，人口四十八萬。

縣境內主要通行的方言稱「吉水話」，以縣城話為代表。吉水話屬於江西贛方言吉安片。縣境東部文峰、水南、丁江、白沙等鄉鎮和縣境西部的八都、阜田等鄉鎮所通行的方言與縣境中心區域的方言存在一定差異。

5. 峽江縣

下轄六個鎮、五個鄉，縣人民政府駐水邊鎮。縣境面積一千兩百八十七點四三平方公里，人口十七萬。

縣境內主要通行的方言稱「峽江話」，以縣城話為代表。峽江話屬於江西贛方言吉安片。縣境內方言一致性較高。

6. 新幹縣

下轄六個鎮、七個鄉，縣人民政府駐金川鎮。縣境面積一千兩百四十八點二九平方公里，人口三十點八二萬。

縣境內主要通行的方言稱「新幹話」，以縣城話為代表。新幹話屬於江西贛方言宜春片。縣境北部大洋洲鎮、三湖鎮與樟樹市相接，西部荷浦鄉與新余市渝水區相接，西南部界埠鄉長排一帶和南部沂江鄉與峽江縣相接，東部桃溪鄉、七琴鎮、城上鄉與豐城市相接，桃溪鄉黎山村和城上鄉的蜜蜂街與樂安縣相接，東南部潭丘鄉、溧江鄉與永豐縣相接，通行的方言分別與相鄰市區

縣的方言接近而與縣境中心區域的方言略有差異。

7. 永豐縣

下轄八個鎮、十二個鄉、一個民族鄉，縣人民政府駐恩江鎮。縣境面積兩千六百九十五平方公里，人口四十二點六七萬。

縣境內主要通行的方言稱「永豐話」，以縣城話為代表。永豐話屬於江西贛方言吉安片。縣境中部諸鄉鎮和南部諸鄉鎮通行的方言與縣境中心區域的方言略有差異。

縣境南部與興國縣、泰和縣相接的三坊鄉、潭頭鄉、君埠鄉和龍岡畲族鄉通行客家方言「客籍話」，東南部與寧都縣相接的中村鄉和上溪鄉的長杭、紅嶺、大坪等地也通行客家方言「客籍話」，都屬於江西客家方言的贛中片。縣境內的一些鄉鎮還散佈著通行「中州話」「吳語」的村落，「中州話」屬於官話方言中原官話片，「吳語」的語言性質和方言系屬情況待考。

8. 泰和縣

下轄十六個鎮、六個鄉，縣人民政府駐澄江鎮。縣境面積二千六百六十六平方公里，人口五十二點二萬。

縣境內主要通行的方言稱「泰和話」，以縣城話為代表。泰和話屬於江西贛方言吉安片。縣境四向邊遠區域通行的方言與縣境中心區域的方言略有差異。

縣境內與興國縣相接的碧溪、橋頭、老營盤、上圯、水槎、中龍、小龍等鄉鎮還散佈著通行客家方言「客籍話」的村落，屬於江西客家方言的贛中片。縣城郊區和馬市、塘洲、沙村等地還散佈著通行「廣東話」的村落，「廣東話」係客家方言，屬於客家方言粵台片的嘉應小片。

縣境內還散佈通行「福建話」村落,「福建話」屬於閩方言閩南片。

9. 遂川縣

下轄十一個鎮、十二個鄉,縣人民政府駐泉江鎮。縣境面積三千一百零二平方公里,人口五十三萬。

縣境內主要通行贛方言和客家方言。通行於縣境中東部和北部以縣城話為代表的「遂川話」屬於江西贛方言吉安片。縣境東部與萬安縣相接的部分地區,北部與永新縣、泰和縣相接的部分地區,通行的方言分別與鄰縣毗連地區的方言接近而與縣城話略有差異。

縣境內通行贛方言以外的鄉鎮主要通行江西客家方言「客籍話」,屬於江西客家方言的贛西片。縣境南部與南康市、上猶縣相接的部分地區,通行的客家方言受鄰縣客家方言「本地話」的影響而與縣境內主要通行的客家方言「客籍話」略有差異。

縣境西部與湖南省桂東縣相接的部分地區還散佈著通行「湖南話」的村落,「湖南話」的語言性質和方言類屬情況待考。

10. 萬安縣

下轄九個鎮、七個鄉,縣人民政府駐芙蓉鎮。縣境面積兩千〇四十七平方公里,人口三十萬。

縣境內主要通行的方言稱「萬安話」,以縣城話為代表。萬安話屬於江西贛方言吉安片。縣境西北鄉(韶口鄉、高陂鎮、潞田鎮)、西鄉(羅塘鄉、現五豐鎮下轄的原桂江鄉地區)、南鄉(現五豐鎮下轄的原棉津鄉地區、沙坪鎮、夏造鎮、彈前鄉、武術鄉、澗田鄉)、北鄉(百嘉鎮、窯頭鎮、梘頭鎮),通行的方

言與縣境中心區域的方言略有差異。

縣境內的順峰鄉、寶山鄉、夏造鎮以及武術鄉、潤田鄉等鄉鎮的非沿江地區通行客家方言「客籍話」，彈前鄉、沙坪鎮、高陂鎮、潞田鎮的部分村落和梘頭鎮、五豐鎮山區的少數村落也通行客家方言「客籍話」，都屬於江西客家方言的贛中片。另外，縣境內的部分鄉鎮還散佈著通行「河南話」「浙江話」「福建話」的村落，「河南話」屬於官話方言中原官話片，「福建話」屬於閩方言閩南片，「浙江話」的語言性質和方言系屬情況待考。

11. 安福縣

下轄七個鎮、十二個鄉，縣人民政府駐平都鎮。縣境面積二千七百九十三點一五平方公里，人口三十九萬。

縣境內主要通行的方言稱「安福話」，以縣城話為代表。安福話屬於江西贛方言吉安片。縣境與吉水縣、吉安市吉州區、吉安縣、泰和縣、永新縣、蓮花縣、蘆溪縣等縣區相接的區域，通行的方言分別與鄰縣區毗連地區的方言接近而與縣境中心區域的方言略有差異。

12. 永新縣

下轄十個鎮、十三個鄉，縣人民政府駐禾川鎮。縣境面積兩千一百九十五平方公里，人口四十八萬。

縣境內主要通行的方言稱「永新話」，以縣城話為代表。永新話屬於江西贛方言吉安片。縣境四鄉方言皆有不同，與縣城話存在差異。南鄉方言內部一致性較高；西鄉的方言則存在「上西話」和「下西話」之分；東鄉的方言也存在「山外話」和「嶺背話」之分；北鄉包括懷忠鎮和蘆溪鄉一帶，通行的方言與縣內其

他地區的方言存在較大差異，相互通話有一定困難。

縣境南部三灣鄉、坳南鄉、曲白鄉通行客家方言「客籍話」，屬於江西客家方言的贛西片。

13. 井岡山市

下轄兩個街道、五個鎮、十二個鄉，市人民政府駐茨坪街道。市境面積一千兩百七十六平方公里，人口十五點六萬。

市境內主要通行贛方言和客家方言。市境東北部的拿山鄉、廈坪鎮、茨坪街道等鄉鎮街道原屬永新縣管轄，通行永新話；市境西北部的龍市鎮、古城鎮、新城鎮、坳裡鄉、鵝嶺鄉等鄉鎮原是寧岡縣的行政範圍，通行寧岡話。永新話、寧岡話都屬於江西贛方言吉安片，之間也存在一定差異。

市境東南部的下七鄉、黃 鄉、長坪鄉以及市境內茅坪鄉、大隴鎮、柏露鄉、荷花鄉、睦村鄉等鄉鎮的部分村落通行客家方言「客籍話」，屬於江西客家方言的贛西片。

市境內古城鎮田的頭塢村通行「福建話」，「福建話」屬於閩方言閩南片。

十一、贛州市方言概況

贛州市下轄一區、十五縣、代管兩個縣級市，各區縣市概況和方言情況如下：

1. 章貢區

章貢區為贛州市城區，下轄五個街道、七個鎮，區人民政府駐解放街道。區境面積四百七十八平方公里，人口五十五點六萬。

區境內主要通行的方言稱「贛州話」，以城區話為代表。贛州話為江西官話方言南片，屬於官話方言西南官話片，區境內方言的一致性較高。

章貢區城區（河套範圍）之外通行客家方言「本地話」，屬於江西客家方言南片西小片。可以分為東郊、西郊和南郊三個小區域，彼此之間存在一定的差異，同時均受贛州話較大影響。

2. 贛縣

下轄十一個鎮、八個鄉，縣人民政府駐梅林鎮。縣境面積二千九百九十三平方公里，人口五十三萬。

縣境內主要通行的方言稱「贛縣話」，以縣城話為代表。贛縣話系客家方言「本地話」，屬於江西客家方言南片西小片。縣境南部的王母渡鎮、陽埠鄉、韓坊鄉、大埠鄉通行的「南山話」，東北部的田村鎮、白鷺鄉、南塘鎮、吉埠鎮、三溪鄉通行的「東河話」，各具特色而與縣城話略有差異。

縣境內與章貢區毗連的地區還通行「贛州話」，贛州話為江西官話南片，屬於官話方言西南官話片。縣境內的部分鄉鎮還散佈著通行「潮州話」和「漳州話」的村落，「漳州話」「潮州話」都屬於閩方言閩南片。

3. 信豐縣

下轄十三個鎮、三個鄉，縣人民政府駐嘉定鎮。縣境面積兩千八百七十八平方公里，人口七十三萬。

縣境內主要通行的方言稱「信豐鄉土話」，以縣境中部的大塘埠鎮的「大塘埠話」為代表。信豐鄉土話系客家方言「本地話」，屬於江西客家方言南片東小片。縣境西北部、東部、東南

部與相鄰各縣相接的鄉鎮，通行的方言各具特色而與「大塘埠話」略有差異。縣境西南部與「三南」地區相鄰的地區則通行客家方言「客籍話」，與鄰縣毗連地區的方言接近而與縣中心區域方言存在一定差異。

縣城嘉定鎮城區及城郊的水東、長勝、焦坑、七里、黃家坑、同益、水北、黃坑廟、山塘、白石、游州、土牆背、勝利等村通行「信豐縣城話」，「信豐縣城話」為江西官話南片，屬於官話方言西南官話片。

4. 大余縣

下轄八個鎮、三個鄉，縣人民政府駐南安鎮。縣境面積一千三百六十七點六三平方公里，人口二十九點二萬。

縣境內主要通行的方言稱「大余話」，以縣城話為代表。大余話系客家方言「本地話」，屬於江西客家方言南片西小片。縣境內方言除縣城話外還可分為上山片和下山片，上山片包括縣境西部的內良鄉、河洞鄉和吉村鎮，下山片包括縣境東部的青龍鎮、池江鎮、新城鎮以及左拔鎮的大部，兩片方言各具特色而與縣境中心區域的方言存在一定差異。

5. 上猶縣

下轄五個鎮、九個鄉，縣人民政府駐東山鎮。縣境面積一千五百四十四平方公里，人口二十九萬。

縣境內主要通行的方言稱「上猶話」，以縣城話為代表。上猶話系客家方言「本地話」，屬於江西客家方言南片西小片。縣境以北起雙溪鄉的高洞往南經寺下鄉西南、油石鄉西，至東山鎮中北部一線為界，通行的方言可劃分成東、西兩片，東片為客家

方言「本地話」，西片則為客家方言「客籍話」，兩片之間存在一定差異。東片方言各以東山鎮的方言和縣城話為代表，內部存在一定差異，而西片方言內部一致性較高。

6. 崇義縣

下轄六個鎮、十個鄉，縣人民政府駐橫水鎮。縣境面積兩千兩〇六點二七平方公里，人口二十萬。

縣境內主要通行的方言稱「崇義話」，以縣城話為代表。崇義話系客家方言「本地話」，屬於江西客家方言南片西小片。縣境西北部的現衡水鎮下轄的原茶灘鄉地區、過埠鎮、傑壩鄉、金坑鄉、思順鄉、上堡鄉以及麟潭鄉、豐州鄉，通行的方言系客家方言「客籍話」，屬於客家方言粵台片嘉應小片，與縣境中心區域的方言存在明顯差異。

7. 安遠縣

下轄八個鎮、十個鄉，縣人民政府駐欣山鎮。縣境面積兩千三百七十四點五九平方公里，人口三十五萬。

縣境內主要通行的方言稱「安遠話」，以縣城話為代表。安遠話系客家方言「本地話」，屬於江西客家方言南片東小片。縣境南部的鳳山鄉、鎮崗鄉、孔田鎮、三百山鎮、鶴子鎮，北部的重石鄉、長沙鄉、浮槎鄉、雙芫鄉、天心鎮、龍布鎮、塘村鄉、高云山鄉以及蔡坊鄉北部，通行的方言各具特色而與縣境中心區域的方言存在一定差異。

8. 龍南縣

下轄八個鎮、五個鄉，縣人民政府駐龍南鎮。縣境面積一千六百四十一平方公里，人口三十萬。

縣境內主要通行的方言稱「龍南話」，以縣城話為代表。龍南話系客家方言「客籍話」，屬於江西客家方言南片東小片。縣境四向諸鄉所通行方言即所謂「山區話」各具特色，包括楊村鎮、夾湖鄉、武當鎮、臨塘鄉、東江鄉、汶龍鎮、程龍鎮等鄉鎮所通行的方言，與縣境中心區域的方言略有差異且相互之間也存在差異。

縣境西南部的原九連山墾殖場地區，居民大部分系外地移民，通行的方言複雜、多樣。

9. 定南縣

下轄七個鎮，縣人民政府駐歷市鎮。縣境面積一千三百一十八點七二平方公里，人口二十一萬。

縣境內主要通行的方言稱「定南話」，以縣城話為代表。定南話系客家方言「客籍話」，屬於江西客家方言贛南片東小片。縣境南部與廣東和平縣、龍川縣毗連的龍塘鎮、鵝公鎮以及現天九鎮下轄的原九曲鄉地區，西部與龍南縣毗連的嶺北鎮及現歷市鎮下轄的原車步鄉地區，通行的方言與鄰縣毗連地區的方言接近而與縣境中心區域的方言略有差異。歸美山鎮由於外來人口多，內部方言較複雜，與縣城話存在一定差異。

10. 全南縣

下轄六個鎮、三個鄉，縣人民政府駐城廂鎮。縣境面積一千五百二十一平方公里，人口十八萬。

縣境內主要通行的方言稱「全南話」，以縣城話為代表。全南話系客家方言「客籍話」，屬於江西客家方言贛南片東小片。縣境南部南逕鎮、中寨鄉、大吉山鎮，西北部龍源壩鎮、寨下鄉

以及陂頭鎮的南部地區，東北部的龍下鄉、社逕鄉以及陂頭鎮的北部地區，通行的方言各具特色而與縣境中心區域的方言略有差異。

11. 寧都縣

下轄十二個鎮、十二個鄉，縣人民政府駐梅江鎮。縣境面積四千〇五十三點一六平方公里，人口七十四點一二萬。

縣境內主要通行的方言稱「寧都話」，以縣城話為代表。寧都話系客家方言「寧石話」，屬於江西客家方言贛南片東小片。縣境西北部的黃陂鎮、小布鎮、洛口鎮和東韶鄉，東南部的固村鎮、固厚鄉、田埠鄉、黃石鎮、對坊鄉和長勝鎮，通行的方言各具特色而與縣境中心區域的方言略有差異。

12. 于都縣

下轄九個鎮、十四個鄉，縣人民政府駐貢江鎮。縣境面積兩千八百九十三平方公里，人口九十六萬。

縣境內主要通行的方言稱「于都話」，以縣城話為代表。于都話系客家方言「本地話」，屬於江西客家方言贛南片西小片。縣境北鄉、西北鄉、東鄉、西南鄉通行的方言各具特色而與縣境中心區域的方言略有差異。特別是縣境西北端與寧都縣相接的葛坳鎮，東部和東南部與會昌縣相接的現黃麟鄉下轄的原於陽鄉地區以及鐵山壟鎮、盤古山鎮，東部與瑞金市相接的沙心鄉以及現寬田鄉下轄的原高龍鄉地區，通行的方言與鄰縣市毗連地區的方言接近而與縣境中心區域的方言存在較大差異。

13. 興國縣

下轄七個鎮、十八個鄉，縣人民政府駐瀲江鎮。縣境面積三

千兩百一十四點四六平方公里，人口七十三萬。

縣境內主要通行的方言稱「興國話」，以縣城話為代表。興國話系客家方言「本地話」，屬於江西客家方言贛南片東小片。縣境西南部原贛縣下轄的龍口鎮、社富鄉和西部與贛縣相接的永豐鄉凌源、誅坊等地，通行「贛縣話」，與縣中心區域通行的方言存在較大差異。縣境北部與萬安縣、泰和縣相鄰的地區，通行客家方言「客籍話」，與鄰縣毗連地區的方言接近而與縣中心區域的方言存在較大差異。

縣境內部分鄉鎮還散佈通行「永豐話」和「漳州話」的村落。「永豐話」屬於江西贛方言吉安方言，「漳州話」屬於閩方言閩南片。縣境內有少數村落居民系福建省連城縣移民，通行屬於客家方言汀州片的「連城話」。

14. 會昌縣

下轄六個鎮、十三個鄉，縣人民政府駐文武壩鎮。縣境面積兩千七百二十二點一八平方公里，人口四十五萬。

縣境內主要通行的方言稱「會昌話」，以縣城話為代表。會昌話系客家方言「本地話」，屬於江西客家方言贛南片東小片。縣境四鄉尤其是東南部筠門嶺鎮、周田鎮和洞頭鄉與尋烏縣相接的地區，通行客家方言「客籍話」，與尋烏縣毗連地區的方言接近而與縣境中心區域的方言一定差異。

15. 尋烏縣

下轄七個鎮、八個鄉，縣人民政府駐長寧鎮。縣境面積兩千三百一十一點三八平方公里，人口三十萬。

縣境內主要通行的方言稱「尋烏話」，以縣城話為代表。尋

烏話系客家方言「客籍話」，屬於江西客家方言贛南片東小片。縣境東北部羅珊鄉與會昌縣相接，東南部丹溪鄉與廣東平遠縣、興寧縣相接，通行的方言與鄰縣、鄰省毗連地區的方言接近而與縣境中心區域的方言存在一定差異。

16. 石城縣

下轄五個鎮、五個鄉，縣人民政府駐琴江鎮。縣境面積一千五百八十一點五三平方公里，人口三十萬。

縣境內主要通行的方言稱「石城話」，以縣城話為代表。石城系客家方言「寧石話」，屬於江西客家方言贛南片東小片。縣境南部、西部、北部分別與瑞金、寧都和廣昌三市縣相接，通行的方言與相鄰市縣毗連地區的方言接近而與縣城話差異較大。縣境東北部現高田鎮下轄的原岩嶺鄉地區和現橫江鎮下轄的原小姑鄉地區與福建寧化縣相接，通行的方言與寧化縣方言接近，屬於客家方言汀州片。

17. 瑞金市

下轄七個鎮、十個鄉，市人民政府駐象湖鎮。市境面積兩千四百四十八平方公里，人口六十二點一一萬。

市境內主要通行的方言稱「瑞金話」，以城區話為代表。瑞金話系客家方言「本地話」，屬於江西客家方言贛南片東小片。市境東北部日東鄉和壬田鎮北部與石城縣相接，北部大柏地鄉、崗面鄉、瑞林鎮和丁陂鎮與寧都縣相接，東北萬田鄉以及現瑞林鎮下轄的原下壩鄉地區與于都縣相接，西南部謝坊鎮以及云石山鄉、武陽鎮和拔英鄉等三鄉鎮西部與會昌縣相接，通行的方言與鄰縣毗連地區的方言接近而與縣境中心區域的方言存在一定的差

異。

18. 南康市

下轄兩個街道、八個鎮、十二個鄉，市人民政府駐蓉江街道。市境面積一千八百四十四點九六平方公里，人口八十一點〇九萬。

市境內主要通行的方言稱「南康話」，以城區話為代表。南康話系客家方言「本地話」，屬於江西客家方言贛南片西小片。市境北鄉、東鄉、南鄉、中部鄉、西鄉，通行的方言各具特色而與城區方言存在一定的差異。

第四節 ▶ 江西方言的代表方言點

江西省境內方言種類多，分佈複雜。本書考察江西方言情況，除作一般性敘述外，選擇具有代表性的地點方言作重點描寫記錄。

限於容量，本書共選擇江西方言三十二處代表方言點。代表方言點選擇的原則是：兼顧行政區劃與方言區域，突出方言種類。據此選定的代表方言點包括：七處設區市的市區方言，十七處縣和縣級市人民政府駐地方言，八處鄉鎮方言。三十二處方言點中，贛方言十三處，客家方言十一處，官話方言三處，徽州方言兩處，吳方言兩處，閩方言一處。

本書對江西方言的代表方言點一律使用「地名＋話」結構的稱名方式。

江西方言三十二處代表方言點如下：

一、贛方言點十三處

（一）南昌話

南昌市系江西省省會，轄境位於省境中部偏北，南昌市城區位於市境中部。南昌市城區及郊區通行的方言統稱「南昌話」。本書中作為代表地點方言的「南昌話」指城區的方言，為江西贛方言南昌片南部的地點方言。

（二）修水話

修水縣隸屬於九江市，轄境位於江西省西北部，北接湖北省，西接湖南省，縣城義寧鎮位於縣境中偏東部。縣境內主要通行的方言統稱為「修水話」。本書中作為縣境內代表地點方言的「修水話」指縣城義寧鎮的方言，為江西贛方言南昌片西部的地點方言。

（三）湖口話

湖口縣隸屬於九江市，轄境位於江西省北部，北接安徽省，縣城雙鐘鎮位於縣境西北部。縣境內主要通行的方言統稱為「湖口話」。本書中作為縣境內代表地點方言的「湖口話」指縣城雙鐘鎮的方言，為江西贛方言南昌片東北部的地點方言。

（四）鄱陽話

鄱陽縣隸屬上饒市，轄境位於江西省東北部，北接安徽省，縣城鄱陽鎮位於縣境南部。縣境內主要通行的方言統稱為「鄱陽

話」。本書中作為縣境內代表地點方言的「鄱陽話」指縣城鄱陽鎮的方言，為江西贛方言鄱陽片西北部的地點方言。

（五）鉛山話

鉛山縣隸屬於上饒市，轄境位於江西省東北部，南接福建省，縣城河口鎮位於縣境北部。縣境內主要通行的方言統稱為「鉛山話」。本書中作為縣境內代表地點方言的「鉛山話」指鉛山縣舊縣城（今永平鎮，位於河口鎮東南十二公里）的方言，為江西贛方言鄱陽片東南部的地點方言。

（六）撫州話

撫州市位於江西省東部，市人民政府駐地臨川區城區位於市境西北部。撫州市臨川區城區及郊區通行的方言統稱為「撫州話」。本書中作為代表地點方言的「撫州話」指臨川區城區的方言，為江西贛方言撫州片北部的地點方言。

（七）資溪話

資溪縣隸屬於撫州市，轄境位於江西省東部，東接福建省，縣城鶴城鎮位於縣境中偏南部。縣境內主要通行的方言統稱為「資溪話」。本書中作為縣境內代表地點方言的「資溪話」指縣城鶴城鎮的方言，為江西贛方言撫州片東北部的地點方言。

（八）宜黃話

宜黃縣隸屬於撫州市，轄境位於江西省中部偏東，縣城鳳崗

鎮位於縣境西北部。縣境內主要通行的方言統稱為「宜黃話」。本書中作為縣境內代表地點方言的「宜黃話」指縣城鳳崗鎮的方言，為江西贛方言撫州片西南部的地點方言。

（九）豐城話

豐城市隸屬於宜春市，轄境位於江西省中部，城區位於市境中偏北部。市境內通行的方言統稱為「豐城話」。本書中作為市境內代表地點方言的「豐城話」指豐城市城區的方言，為江西贛方言宜春片東部的地點方言。

（十）高安話

高安市隸屬於宜春市，轄境位於江西省中部偏西北，城區位於市境中偏東北部。市境內通行的方言統稱為「高安話」。本書中作為市境內代表地點方言的「高安話」指高安市城區的方言，為江西贛方言宜春片東北部的地點方言。

（十一）新余話

新余市位於江西省中部偏西，市人民政府駐地渝水區，城區位於市境東部。新余市渝水區城區及郊區通行的方言統稱為「新余話」。本書中作為市境內代表地點方言的「新余話」指城區通行的「新余話」，為江西贛方言宜春片南部的地點方言。

（十二）吉安話

吉安市位於江西省中西部，市人民政府駐地吉州區位於市境

市部。吉安市吉州區城區及郊區通行的方言統稱為「吉安話」。本書中作為市境內代表地點方言的「吉安話」指城區通行的「吉安話」，為江西贛方言吉安片東部的地點方言。

（十三）遂川話

遂川縣轄於吉安市，位於江西省西南部邊境，西接湖南省，縣城泉江鎮位於縣境中偏東部。縣境中部、東部和北部以縣城話為代表的通行方言統稱「遂川話」。本書中作為縣境內代表地點方言的「遂川話」指縣城泉江鎮的方言，為江西贛方言吉安片南部的地點方言。

二、客家方言點十一處

（一）寧都話

寧都縣隸屬於贛州市，轄境位於江西省東南部、贛州市境東北部，縣城梅江鎮位於縣境中部。縣境內主要通行的方言統稱「寧都話」。本書中作為縣境內代表地點方言的「寧都話」指縣城梅江鎮的方言，為江西客家方言贛南片東北部的地點方言。

（二）瑞金話

瑞金市隸屬於贛州市，轄境位於江西省東南部、贛州市境東部，城區象湖鎮位於市境東部。市境內主要通行的方言統稱「瑞金話」。本書中作為市境內代表地點方言的「瑞金話」指瑞金市城區象湖鎮的方言，為江西客家方言贛南片東部的地點方言。

（三）尋烏話

尋烏縣隸屬於贛州市，轄境位於江西省東南端、贛州市境東南部，東北接福建省，南接廣東省，縣城長寧鎮位於縣境中部。縣境內主要通行的方言統稱「尋烏話」。本書中作為縣境內代表地點方言的「尋烏話」指縣城長寧鎮的方言，為江西客家方言贛南片東南部的地點方言。

（四）龍南話

龍南縣隸屬於贛州市，轄境位於江西省最南端、贛州市境西南部，南接廣東省，縣城龍南鎮位於縣境北部。縣境內主要通行的方言統稱「龍南話」。本書中作為縣境內代表地點方言的「龍南話」指縣城龍南鎮的方言，為江西客家方言贛南片西南部的地點方言。

（五）于都話

于都縣隸屬於贛州市，轄境位於江西省南部、贛州市境中部偏東，縣城貢江鎮位於縣境中部偏西。縣境內主要通行的方言統稱「于都話」。本書中作為縣境內代表地點方言的「于都話」指縣城貢江鎮的方言，為江西客家方言贛南片中部的地點方言。

（六）贛縣話

贛縣隸屬於贛州市，轄境位於江西省南部、贛州市境中部，縣城梅林鎮位於縣境中部。縣境內主要通行的方言統稱「贛縣話」。因緊鄰贛州市區，贛縣縣城梅林鎮通行的方言發生較嚴重

的蛻變。本書中作為縣境內代表地點方言的「贛縣話」指縣城梅林鎮以東十公里大田鄉的方言，為江西客家方言贛南片中部的地點方言。

（七）南康話

南康市隸屬於贛州市，轄境位於江西省南部、贛州市境中部偏西，城區蓉江街道位於市境南部。市境內主要通行的方言統稱「南康話」。本書中作為市境內代表地點方言的「南康話」指南康市城區蓉江街道的方言，為江西客家方言贛南片西部的地點方言。

（八）黃坳話

井岡山市隸屬於吉安市，轄境位於江西省西南部、吉安市境西南部。井岡山市境東南部通行客家方言。本書中作為市境內客家方言代表地點方言的「黃坳話」指井岡山市黃坳鄉的方言，為江西客家方言贛西片西南部的地點方言。

（九）銅鼓話

銅鼓縣隸屬於宜春市，轄境位於江西省西北部、宜春市境西北部，西接湖南省，縣城永寧鎮位於縣境東南部。縣境大部分區域主要通行的方言統稱「銅鼓話」。本書中作為縣境內代表地點方言的「銅鼓話」指縣城永寧鎮的方言，為江西客家方言贛西北片西部的地點方言。

（十）大溪話

上饒縣隸屬於上饒市，轄境位於江西省東北部、上饒市境東南部，南接福建省。上饒縣境北部、南部散佈客家方言。本書中作為縣境內客家方言代表地點方言的「大溪話」指上饒縣鐵山鄉大溪村的方言，系客家方言汀州片移民入遷形成，為江西客家方言贛東北片的地點方言。

（十一）太源畬話

鉛山縣隸屬於上饒市，轄境位於江西省東北部、上饒市境東南部。鉛山縣境西南部分佈有畬族居民使用的畬話。本書中作為縣境內畬話代表地點方言的「太源畬話」指鉛山縣太源畬族鄉的畬話，系畬族居民由閩北入遷形成。畬話一般認為屬於客家方言，太源畬話為江西客家方言贛東北片的地點方言。

三、官話方言點三處

（一）九江話

九江市轄境位於江西省北部，市人民政府駐地潯陽區，城區位於市境北部。潯陽區城區及近郊和九江縣縣城及大部分縣境通行的方言統稱為「九江話」，屬於官話方言江淮官話片黃（崗）孝（感）小片。本書中作為代表地點方言的「九江話」指城區的方言，為江西官話方言北片的地點方言。

（二）贛州話

　　贛州市轄境位於江西省南部，市人民政府駐地章貢區，城區位於市境中部偏西北。章貢區城區及近郊部分區域通行的方言統稱為「贛州話」，屬於官話方言西南官話。本書中作為代表地點方言的「贛州話」指城區的方言，為江西官話方言南片的地點方言。

（三）白槎河南話

　　江西省北部九江市下轄多個縣市散佈「河南話」，永修縣是「河南話」居民分佈較多、較集中的縣市之一。永修縣位於九江市境南部，鄱陽湖以西。作為贛北「河南話」代表地點方言的「白槎河南話」指永修縣西北部白槎鎮的方言。白槎鎮位於永修縣西北部，為「河南話」居民聚居區域。白槎河南話系中原官話片信（陽）蚌（埠）小片移民由河南東南部信陽地區入遷形成，為江西官話方言北片的地點方言。

四、徽州方言點兩處

（一）浮梁話

　　浮梁縣隸屬於景德鎮市，轄境位於江西省東北部，東、北兩向與安徽省相接，縣城浮梁鎮位於縣境南部。縣境內主要通行的方言統稱為「浮梁話」。本書中作為縣境內代表地點方言的「浮梁話」指浮梁縣舊縣城（今浮梁鎮舊城村，位於縣城浮梁鎮城區

西南四公里處）的方言，為江西徽州方言北片的地點方言。

（二）婺源話

婺源縣隸屬於上饒市，轄境位於江西省東北部，東接浙江省，北接安徽省，縣城蚺城街道位於縣境中偏南部。縣境內主要通行的方言統稱為「婺源話」。本書中作為縣境內代表地點方言的「婺源話」指縣城蚺城街道的方言，為江西徽州方言中片的地點方言。

五、吳方言點兩處

（一）上饒話

上饒市轄境位於江西省東北部，市人民政府駐地信州區，城區位於市境東南部。信州區城區及近郊和上饒縣縣城及大部分縣境通行的方言統稱為「上饒話」，屬於吳方言處（州）衢（州）片龍（游）衢（州）小片。本書中作為代表地點方言的「上饒話」指城區通行的「上饒話」，又稱「街話」，為江西吳方言西片的地點方言。

（二）廣豐話

廣豐縣隸屬於上饒市，轄境位於江西省東北部，東接浙江省，南接福建省，縣城永豐街道位於縣境中偏西北部。縣境內主要通行的方言統稱為「廣豐話」，屬於吳方言處（州）衢（州）片龍（游）衢（州）小片。本書中作為縣境內代表地點方言的

「廣豐話」指縣城永豐街道的方言，為江西吳方言東南片的地點方言。

六、閩方言點一處

銅山福建話

上饒市轄境位於江西省東北部，東接浙江省，南接福建省。市境東南部多個縣市散佈閩方言。本書中作為市境內閩方言代表地點方言的「銅山福建話」指廣豐縣梘底鎮銅山村的方言。梘底鎮位於廣豐縣西部，銅山村為閩方言居民聚居村落。銅山福建話係閩方言閩南片移民入遷形成，為江西贛東北閩方言的地點方言。

江西文庫 A0701B24

贛文化通典（方言卷） 第一冊

主　　編　鄭克強

版權策畫　李　鋒

責任編輯　林以邠

發 行 人　陳滿銘

總 經 理　梁錦興

總 編 輯　陳滿銘

副總編輯　張晏瑞

編 輯 所　萬卷樓圖書股份有限公司

排　　版　菩薩蠻數位文化有限公司

印　　刷　維中科技有限公司

封面設計　菩薩蠻數位文化有限公司

出　　版　昌明文化有限公司

桃園市龜山區中原街 32 號

電話 (02)23216565

發　　行　萬卷樓圖書股份有限公司

臺北市羅斯福路二段 41 號 6 樓之 3

電話 (02)23216565

傳真 (02)23218698

電郵 SERVICE@WANJUAN.COM.TW

大陸經銷　廈門外圖臺灣書店有限公司

　　電郵 JKB188@188.COM

ISBN 978-986-496-231-0

2018 年 1 月初版

定價：新臺幣 360 元

如何購買本書：

1. 轉帳購書，請透過以下帳戶

　合作金庫銀行　古亭分行

　戶名：萬卷樓圖書股份有限公司

　帳號：0877717092596

2. 網路購書，請透過萬卷樓網站

　網址 WWW.WANJUAN.COM.TW

大量購書，請直接聯繫我們，將有專人為您

服務。客服：(02)23216565 分機 610

如有缺頁、破損或裝訂錯誤，請寄回更換

版權所有·翻印必究

Copyright©2016 by WanJuanLou Books CO., Ltd.

All Right Reserved　　**Printed in Taiwan**

國家圖書館出版品預行編目資料

贛文化通典. 方言卷 / 鄭克強主編. -- 初版.
-- 桃園市 : 昌明文化出版 ; 臺北市 : 萬卷
樓發行, 2018.01
　冊 ;　公分
ISBN 978-986-496-231-0(第一冊 : 平裝). --
1.贛語 2.江西省
672.408　　　　　　　　　107002012

本著作物經廈門墨客知識產權代理有限公司代理，由江西人民出版社授權萬卷樓圖書
股份有限公司出版、發行中文繁體字版版權。

本書為金門大學華語文學系產學合作成果。　　　校對：林庭羽